Deutsch als Fremdsprache

Daniela Niebisch
Sylvette Penning-Hiemstra
Franz Specht
Monika Bovermann

Schritte plus 2

Kursbuch
+ Arbeitsbuch

Niveau A1/2

Hueber Verlag

Beratung:
Renate Aumüller, Münchner Volkshochschule
Barbara Gottstein-Schramm, München
Susanne Kalender, Duisburg
Vera Kosmadaki, München
Isabel Krämer-Kienle, München
Marion Overhoff, Duisburg
Iboia-Maria Pap, München

Fotogeschichte:
Fotograf: Alexander Keller
Darsteller: Grit Emmrich-Seeger, Marcus Kästner, Yevgen Papanin, Jana Weers, Eva Wittenzellner und andere
Organisation: Sylvette Penning, Lisa Mammele

Für die hilfreichen Hinweise danken wir:
Ulrike Ankenbrand, Barbara Békési, Katja Meyer-Höra, Rafaella Pepe, Anne Robert, Eva Winisch

Interaktive Aufgaben für den Computer:
Barbara Gottstein-Schramm, München

11. 10. 9. | Die letzten Ziffern
2021 20 19 18 17 | bezeichnen Zahl und Jahr des Druckes.
Alle Drucke dieser Auflage können, da unverändert, nebeneinander benutzt werden.
1. Auflage

Zeichnungen: Jörg Saupe, Düsseldorf
Layout: Marlene Kern, München
Lektorat: Dörte Weers, Jutta Orth-Chambah, Marion Kerner, Juliane Wolpert, Hueber Verlag, Ismaning
Druck und Bindung: Firmengruppe APPL, aprinta druck GmbH, Wemding
Printed in Germany
ISBN 978-3-19-001912-0
ISBN 978-3-19-011912-7 (mit CD)

Art. 530_03465_001_14

AUFBAU

Symbole / Piktogramme

Kursbuch		Arbeitsbuch	
Hörtext auf CD	CD 1 05	Hörtext auf CD	CD 3 12
Grammatik	ich bin → ich **war**	Vertiefungsübung	**Ergänzen Sie.**
Hinweis	Ich bin Deutscher. Ich bin Deutsche.	Erweiterungsübung	**Ergänzen Sie.**
Aktivität im Kurs		Verweis auf *Schritte plus Portfolio* (ISBN 978-3-19-241911-9)	→ Portfolio
Redemittel	***Das habe ich nicht verstanden. Können Sie das bitte erklären?***		
Verweis auf *Schritte Übungsgrammatik* (ISBN 978-3-19-301911-0)	→ ÜG, 11.01		

Inhalt Kursbuch

Vorwort

Liebe Leserinnen, liebe Leser,

Schritte plus ist ein Lehrwerk für die Grundstufe.
Es führt Lernende ohne Vorkenntnisse in jeweils zwei Bänden zu den Sprachniveaus A1, A2 und B1.

Schritte plus orientiert sich genau

- an den Vorgaben des Gemeinsamen Europäischen Referenzrahmens und

Das Plus

- an den Vorgaben des Rahmencurriculums des Bundesministeriums des Inneren.

Gleichzeitig bereitet *Schritte plus* gezielt auf die Prüfungen *Start Deutsch 1* (Stufe A1), *Start Deutsch 2* (Stufe A2), den *Deutsch-Test für Zuwanderer* (Stufe A2–B1) und das *Zertifikat Deutsch* (Stufe B1) vor.

Das Kursbuch
Jede der sieben Lektionen eines Bandes besteht aus einer Einstiegsdoppelseite, fünf Lernschritten A–E, einer Übersichtsseite sowie einem Zwischenspiel.

Einstieg: Jede Lektion beginnt mit einer Folge einer unterhaltsamen Foto-Hörgeschichte. Die Episoden bilden den thematischen und sprachlichen Rahmen der Lektion.

Lernschritt A–C: Diese Lernschritte bilden jeweils in sich abgeschlossene Einheiten und folgen einer klaren, einheitlichen Struktur:
In der Kopfzeile jeder Seite sehen Sie, um welchen Lernstoff es geht. Die Einstiegsaufgabe führt den neuen Stoff ein, indem sie an die gerade gehörte Foto-Hörgeschichte anknüpft. Grammatik-Einblendungen machen die neu zu lernenden Sprachstrukturen bewusst. Die folgenden Aufgaben dienen dem Einüben der neuen Strukturen – zunächst meist in gelenkter, dann in freierer Form. Den Abschluss des Lernschritts bildet eine freie, oft spielerische Anwendungsübung oder ein interkultureller Sprechanlass.

Lernschritt D und E: Hier werden die vier Fertigkeiten – Hören, Lesen, Sprechen und Schreiben – nochmals in authentischen Alltagssituationen trainiert und systematisch erweitert.

Übersicht: Die wichtigen Strukturen, Wendungen und Strategien einer Lektion sind hier systematisch aufgeführt.

Das Plus
Zwischenspiel: Landeskundlich interessante und spannende Lese- und Hörtexte mit spielerischen Aktivitäten runden die Lektion ab.

Das Arbeitsbuch
Im integrierten Arbeitsbuch finden Sie:

- Übungen zu den Lernschritten A–E des Kursbuchs in verschiedenen Schwierigkeitsgraden, um innerhalb eines Kurses binnendifferenziert mit schnelleren und langsameren Lernenden zu arbeiten
- Übungen zur Phonetik
- Anregungen zum autonomen Lernen in Form eines Lerntagebuchs
- Aufgaben zur Vorbereitung auf die Prüfungen
- zahlreiche Möglichkeiten, bereits gelernten Stoff zu wiederholen und zu üben

Das Plus

- Lernwortschatz zu jeder Lektion
- systematisches Schreibtraining
- Übungen, die zum selbstentdeckenden Erkennen grammatischer Strukturen anleiten

Das Plus
Fokus-Seiten
greifen die Lernziele des Bundesministeriums des Inneren auf und bieten zahlreiche zusätzliche Materialien zu den Themen Familie, Beruf und Alltag, um den speziellen Bedürfnissen einer Lerngruppe gerecht zu werden. Sie können fakultativ bearbeitet werden. In *Schritte plus 2* gibt es zu jeder Lektion zwei Fokus-Seiten. Zu vielen Fokus-Seiten sind weiterführende Projekte vorgesehen, die im Lehrerhandbuch (ISBN 978-3-19-051912-5) ausführlich erläutert werden.

Schritte plus ist wahlweise mit integrierter Arbeitsbuch-CD erhältlich. Sie bietet

- die Hörtexte und Phonetikübungen des Arbeitsbuchs
- **Das Plus**: interaktive Übungen für den Computer zu allen Lektionen

Was bietet *Schritte plus* darüber hinaus

- Selbstevaluation: Mithilfe eines Fragebogens können die Lernenden ihren Kenntnisstand selbst überprüfen und beurteilen.

Im Internetservice unter *www.hueber.de/schritte-plus* finden Sie zahlreiche Übungen, Kopiervorlagen, Texte sowie eine Aufstellung über die vielfältigen zusätzlichen Materialien – wie eine Übungsgrammatik, Portfoliomaterialien, Lektürehefte, Poster, Intensivtrainer und vieles mehr.
Für Eltern-/Jugendkurse oder berufsorientierte Kurse gibt es dort ergänzende und erweiternde Arbeitsblätter und Unterrichtssequenzen.

Viel Spaß beim Lehren und Lernen mit *Schritte plus*
wünschen Ihnen
Autoren und Verlag

Die erste Stunde im Kurs

Hallo, ich heiße Nikolaj Miron, kurz: Niko. Ich bin 25 Jahre alt, komme aus der Ukraine und bin seit acht Monaten in Deutschland. Deutsch ist nicht so leicht, aber in Deutschland gefällt es mir sehr gut. Neue Freunde habe ich auch schon gefunden.

Hallo, ich bin Sara. Ich bin acht Jahre alt und gehe in die dritte Klasse. Leider habe ich keinen Bruder und keine Schwester. Aber jetzt habe ich ja Niko. Niko ist total nett und macht oft lustige Sachen. Manchmal versteht er etwas nicht richtig. Dann helfe ich ihm.

Stellen Sie sich vor: Wie heißen Sie?

Hallo! Wir sind Freunde von Nikolaj. Ich heiße Bruno Schneider, das ist meine Frau Tina und das ist unsere Tochter Sara. Wir haben einen kleinen Laden in der Rosenheimer Straße in München. Dort verkaufen wir Obst und Gemüse. Das macht viel Arbeit, aber wir lernen auch viele Leute kennen, zum Beispiel Niko.

Sprechen Sie im Kurs.

- ◆ Woher kommen Sie?
- ▲ Ich komme aus Afrika, aus Ghana.
- ◆ Aha, interessant. Und wo haben Sie dort gewohnt?
- ▲ In Accra. Das ist die Hauptstadt. Und Sie? Woher kommen Sie?
- ◆ Ich komme aus ...

Woher ...?	***Ich komme aus ...***
Wo ...?	***Ich wohne in ...***
Haben Sie / Hast du Kinder?	***Ich habe keine / ... Kind(er).***
Was sprechen Sie / sprichst du?	***Ich spreche ...***
Was sind Ihre/deine Hobbys?	***Meine Hobbys sind ...***
Was machen Sie / machst du in der Freizeit?	***Ich ... gern ...***

1

Für unser Werk in München suchen wir ab sofort verschiedene

Metallfacharbeiter

Sind Sie
- Mechaniker?
- Schweißer?
- Dreher?

Dann melden Sie sich bei Frau Dr. Schmitz und vereinbaren Sie ein Vorstellungsgespräch (089/923465).

WAFAG
Werkzeug-, Apparate- und Formenbau AG

2

3

7

8

FOLGE 8: *STIFTE*

1 **Sehen Sie die Fotos an. Was meinen Sie? Kreuzen Sie an.**

☐ Niko ist in einer Sprachschule. Er macht einen Deutschtest. Er spricht mit der Deutschlehrerin.

☐ Niko ist in einer Firma. Er sucht eine neue Arbeit. Er spricht mit der Chefin.

2 **Zeigen Sie: Stifte • einen Stiftehalter**

3 **Ordnen Sie zu.**

[4] die Werkstatt	☐ der Mechaniker
☐ die Maschine	☐ der Meister

D1 02-12

4 **Sehen Sie die Fotos an und hören Sie.**

5 **Richtig oder falsch? Kreuzen Sie an.**

		richtig	falsch
a	Niko ist Mechaniker von Beruf.	☒	☐
b	Niko hat jetzt keine Arbeit: Er ist arbeitslos.	☐	☐
c	Niko sucht eine neue interessante Arbeit. Seine Arbeit ist sehr langweilig. 	☐	☐
d	Herr Obermeier zeigt Niko die Maschinen.	☐	☐
e	Herr Obermeier hat den Stiftehalter gemacht. 	☐	☐
f	Niko kann bei „WAFAG“ arbeiten. Der Stiftehalter war eine sehr gute Idee.	☐	☐

8

Für unser Werk in München suchen wir ab sofort verschiedene
Metallfacharbeiter
Sind Sie ■ Mechaniker?
■ Schweißer?
■ Dreher?
Dann melden Sie sich bei Frau Dr. Schmitz und vereinbaren Sie ein Vorstellungsgespräch (089/923465).

A Sind Sie **Mechaniker**?

CD 1 13

A1 Sehen Sie die Bilder an. Hören Sie dann und ordnen Sie zu.

A2 Ergänzen Sie.

Busfahrer	*Busfahrerin*
	Lehrerin
Polizist	
	Programmiererin
Hausmann	
Bauarbeiter	
	Studentin
Mechaniker	
Krankenpfleger	
	Kauffrau

Text	1	2	3	4	5	6	7	8	9	10
Bild	*B*									

Busfahrer	Busfahrer**in**
Lehrer	Lehrer**in**
Kauf**mann**	Kauf**frau**
Haus**mann**	Haus**frau**
Kranken**pfleger**	Kranken**schwester**

A3 Spiel: Zeichnen Sie und raten Sie.

Bist du Studentin?

Bist du Lehrerin?

Nein.

Ja, genau.

A4 Fragen Sie und antworten Sie.

▲ Was sind Sie von Beruf?
● Ich bin Programmierer. Ich arbeite bei „Söhnke & Co“. Und Sie? Was machen Sie?
▲ Ich bin Lehrerin. Aber ich arbeite jetzt nicht. Ich lerne Deutsch.

■ Was sind Sie von Beruf?
◆ Ich bin Kauffrau. Aber ich arbeite jetzt als Verkäuferin.

Ich **arbeite** | **bei** „Söhnke & Co“.
| **als** Verkäuferin.

Was sind Sie / bist du von Beruf? *Ich bin ...*
Was machen Sie / machst du? *Ich arbeite bei ...*
Ich bin ... Aber ich arbeite jetzt nicht.
Ich bin ... Aber ich arbeite jetzt als ...
Ich habe keinen Beruf. Aber ich möchte gern als ... arbeiten.
Ich bin zurzeit arbeitslos.

D 1 14

B1 Hören Sie noch einmal und variieren Sie.

a
▲ Wann sind Sie denn nach Deutschland gekommen?
■ Vor acht Monaten.

Varianten:
Österreich – zwei Jahren
Italien – drei Monaten

b
▲ Und seit wann leben Sie schon in München?
■ Seit sechs Monaten.

Varianten:
Wien – zwei Monaten
Rom – fünf Wochen

Wann sind Sie nach Deutschland **gekommen**?
Vor | drei Jahre**n**.
vier Monate**n**.

Seit wann | **Wie lange** | leben Sie schon in München?
Seit | drei Jahre**n**.
vier Monate**n**.
1995.

B2 Schreiben Sie die Fragen richtig.

Herr Probst ist der Chef von „Hansa“. Er sucht einen neuen Programmierer. Gleich kommt Herr Stanuch und stellt sich vor. Herr Probst will viele Fragen stellen. Er hat Notizen gemacht.

a Wann nach Deutschland gekommen?
b Seit wann in Stuttgart?
c Wann und wo geboren?
d Wann Mechaniker gelernt?
e Was studiert? Wann Diplom gemacht?
f Wie lange als Programmierer gearbeitet?
g Seit wann arbeitslos?

a *Wann sind Sie nach Deutschland gekommen?*
b *Seit wann ...*
c *...*
d
e
f
g

Schon fertig?
Finden Sie noch mehr Fragen.

D 1 15

B3 Hören Sie das Gespräch. Ordnen Sie die Antworten den Fragen aus B2 zu.

- [e] Ich habe Informatik studiert und vor sieben Jahren mein Diplom gemacht.
- [ ] Seit drei Monaten habe ich keine Arbeit mehr.
- [ ] Das war vor genau 15 Jahren.
- [ ] Seit einem Monat.
- [ ] Ich habe acht Jahre als Computerspezialist gearbeitet.
- [ ] Vor einem Jahr.
- [ ] 1973 in Krakau.

vor | **seit** | ein**em** Monat
ein**em** Jahr
ein**er** Woche

Wie lange? | **Seit** acht Jahre**n**.
Acht Jahre.
Von 8 Uhr **bis** 17 Uhr.

Wann sind Sie nach Deutschland gekommen? – **Vor** acht Monaten.

B4 Antworten Sie.

A

- ● Seit wann kennst du Leon?
- ▲ ....

B

- ● Wie lange arbeiten Sie schon bei WAFAG?
- ▲ ....

C

- ● Wann hast du eigentlich deine Tochter bekommen?
- ▲ ....

B5 Im Kurs: Machen Sie ein Kursalbum.

a Ein Interview: Schreiben Sie zuerst Fragen.

Wo ...? • Was ...? • Wann ...? • Wie lange ...? • Seit wann ...? • ...

geborenen • heiraten/geheiratet • arbeiten/gearbeitet • wohnen/gewohnt • in die Schule gehen/gegangen • lernen/gelernt • studieren/studiert • leben/gelebt • ...

Wann bist du geboren?
Wo bist du geboren?
Wo hast du gewohnt?
Wann bist du nach Deutschland gekommen?
Wie lange lernst du schon Deutsch?
Hast du Kinder?
Wie alt ...?

man schreibt	man sagt
1979	19hundert79
1994	19hundert94
2003	2tausend3
2011	2tausend11

b Fragen Sie dann Ihre Partnerin / Ihren Partner.

- ▲ Senep, wann bist du eigentlich geboren?
- ● 1989.
- ▲ Und wo bist du geboren?
- ● In Ankara.
- ▲ Wo hast du gewohnt?
- ● Ich habe in Ankara und später in Istanbul gewohnt.
- ▲ Wann bist du nach Deutschland gekommen?
- ● Vor sechs Monaten.
- ▲ Aha, erst vor sechs Monaten! Und wie lange lernst du schon Deutsch?
- ● Seit einem Jahr.
- ▲ ...

c Schreiben Sie über Ihre Partnerin / Ihren Partner.

D1 16

C1 Hören Sie noch einmal und ergänzen Sie.

war • hatte

▲ Als was haben Sie in der Ukraine gearbeitet?

■ Zuerst .... ich bei einer Firma als Mechaniker.
Dann .... ich bei einer anderen Metallfirma eine Stelle als Schweißer.

ich bin → ich **war**
ich habe → ich **hatte**

C2 Niko früher und heute

Ergänzen Sie.

Niko vor neun Monaten | **Niko heute**

Niko

... hatte keine Freunde in Deutschland.

Heute hat Niko Freunde in Deutschland.

... hatte keine Arbeit.

Heute ....

... hatte keine Wohnung.

Und er ....

... war manchmal alleine und traurig.

....

er/sie ist → er/sie **war**
er/sie hat → er/sie **hatte**

Zuerst **war** ich bei einer Firma als Mechaniker.

CD 1 17

C3 Ordnen Sie zu. Hören Sie dann und vergleichen Sie.

Jan Kästners Lebensgeschichte

- [ ] Nach drei Jahren hatte ich eine große Firma, viele Arbeiter und viel Stress.
- [A] Ich hatte eine große Leidenschaft: kochen.
- [ ] Heute bin ich wieder glücklich und habe wieder eine große Leidenschaft: kochen und essen.
- [ ] Dann hatte ich eine kleine Firma: Jans Partyservice – und viel Arbeit.
- [ ] Ich war sehr müde. Dann hatte ich eine gute Idee: Ich habe die Firma verkauft.

C4 Erzählen Sie.

Jan Kästner hatte eine große Leidenschaft: …

C5 Im Kurs: Über Fotos sprechen.

a Sehen Sie das Foto an und sammeln Sie Fragen.

Wo? • Wann? • Wie lange? • Wie? • Wer? • …

Wo war das? / Wo warst du da? / Wo waren Sie da? / Wo wart ihr da?
Wann warst du da? / Wann waren Sie da? / …
Wie lange …?

du bist	→ du **warst**	du hast	→ du **hattest**
wir sind	→ wir **waren**	wir haben	→ wir **hatten**
ihr seid	→ ihr **wart**	ihr habt	→ ihr **hattet**
sie/Sie sind	→ sie/Sie **waren**	sie/Sie haben	→ sie/Sie **hatten**

b Zeigen Sie Fotos von einer Reise / einem Fest / … und sprechen Sie.

- ■ Hier, das war unser Urlaub in Bulgarien.
- ◆ Toll! Wann war das?
- ■ Im letzten Sommer.
- ◆ Und wie …?

Schon fertig?
Beschreiben Sie Ihr Lieblingsfoto.

Im	*Frühling 19..*	*war ich*	*auf einer Hochzeit*	*in Prag*	*am Meer.*
	Sommer 20..	*waren wir*	*in meiner Heimat*	*in Tschechien*	*in den Bergen.*
	Herbst		*in unserem Dorf*		*auf dem Land.*
	Winter		*auf einer Reise*		*am See.*
			auf einer Feier		

D1 **Lesen Sie und markieren Sie: Was haben die Personen früher gemacht? Wann können/wollen die Personen arbeiten?**

„Ich heiße Claudia Wiese. Ich arbeite momentan nicht. Ich habe zwei kleine Kinder. Jetzt suche ich aber wieder einen Job. Wir brauchen das Geld. Ich suche eine Stelle am Abend. Dann ist mein Mann zu Hause und ich habe zwei oder drei Stunden Zeit. Früher habe ich mal ein Büro geputzt."

„Mein Name ist Konstantinos Antoniadis. Ich hatte ein kleines Geschäft. Ich war selbstständig, aber ich habe nicht viel Geld verdient. Dann habe ich meinen Laden wieder verkauft. Jetzt arbeite ich am Tag als Kellner in einem Restaurant. Aber meine Familie ist groß und die Wohnung sehr teuer. Ich suche jetzt noch eine Arbeitsstelle in der Nacht oder am Wochenende. Früher bin ich mal in der Nacht Taxi gefahren. Das war super. Autofahren ist ja auch mein Hobby."

„Ich bin Elena Beketova. Ich komme aus Russland und studiere jetzt hier in Bremen. Ich suche gerade einen Job. Leider habe ich nicht viel Zeit. Ich bin oft an der Universität oder lerne zu Hause. Aber zwei Nachmittage habe ich frei und da möchte ich gerne arbeiten. In Russland habe ich mal als Verkäuferin gearbeitet. Vielleicht kann ich hier ja auch als Verkäuferin arbeiten."

„Ich heiße Adem Karadeniz. Ich bin arbeitslos und suche eine Stelle. Ich möchte gerne am Nachmittag arbeiten. Am Vormittag gehe ich in den Deutschkurs. Ich habe Krankenpfleger gelernt und als Pfleger im Krankenhaus gearbeitet. Aber ich hatte auch schon einen Job im Supermarkt. Jetzt besuche ich gerade eine Fahrschule. Morgen mache ich meinen Führerschein!"

D2 **Lesen Sie die Anzeigen im Stellenmarkt. Markieren Sie die Berufe und die Arbeitszeiten.**

A

Wir suchen ab sofort zuverl.
Putzhilfe für Massagepraxis in Petersberg, Landwehrstraße.
Arbeitszeit: Mo.–Fr. für 2 Stunden ab 20 Uhr.

Gebäudereinigung Blank GmbH
Tel.: 0661 / 330 50

B

Suche
Taxifahrer/Taxifahrerin
für Nacht und Wochenende.
Festanstellung.
Tel.: 0171/640 76 68

C

Sekretärinnen mit Computer- und Engl.-Kenntnissen gesucht. Arbeitszeit: Mo–Fr, 8–13 Uhr.
Bitte übl. Unterlagen an: Personalmanagement GmbH, Holger Wittstein, Gottschedstraße 14, 04109 Leipzig
Telefonische Informationen unter 624 21 32 (9–12 Uhr)

D

Wir suchen ab sofort eine/n freundliche/n, junge/n **Fleischverkäufer/in** für zwei Nachmittage in der Woche. Gerne auch Student/in.
Metzgerei Stefan Scholl. Tel.: 030/27 11 913

E

Ambulanter Pflegedienst sucht dringend **Krankenpfleger/Krankenschwestern** v. Mo–Fr, 14–18 Uhr. Führerschein erforderlich. Tel.: 14 16 714

D3 **Welche Anzeige passt zu welcher Person? Kreuzen Sie an.**

Anzeige	A	B	C	D	E
Frau Wiese	☐	☐	☐	☐	☐
Frau Beketova	☐	☐	☐	☐	☐
Herr Antoniadis	☐	☐	☐	☐	☐
Herr Karadeniz	☐	☐	☐	☐	☐

Schon fertig?
Ihr Traumberuf?
Ihre Arbeitszeiten?
Was machen Sie?
Schreiben Sie.

Am Telefon: Ist die Stelle noch frei?

CD 1 18

E1 Wo ruft Herr Wegener an? Lesen Sie, hören Sie dann und kreuzen Sie an.

Mechaniker
für Autowerkstatt gesucht!
Arbeitszeit: 12 Stunden in der Woche am Nachmittag.
Tel.: 040/14 38 27–0

Wir suchen ab sofort einen
Hausmeister
für große Wohnanlage in der Verdener Str.
Arbeitszeit: jeden Tag, tlw. auch am Wochenende.

Hausverwaltung Alexander
Tel.: 0177/59 63 782

- ☐ 040/14 38 27–0
- ☐ 0177/59 63 782

E2 Sie suchen eine Stelle. Spielen Sie Gespräche.

Gesucht:	Busfahrer(in)
Arbeitszeit:	drei Tage in der Woche
Wie lange?	8 Stunden
Verdienst?	12 Euro pro Stunde

Gesucht:	Putzhilfe
Arbeitszeit:	zweimal in der Woche am Vormittag
Wie lange?	3 Stunden
Verdienst?	7,50 Euro pro Stunde

● …

▲ Guten Tag. Mein Name ist …
Ich habe Ihre Anzeige gelesen. Sie suchen eine(n) … Ist die Stelle noch frei?

● Ja. Wir suchen eine(n) …

▲ Und wie lang ist die Arbeitszeit pro Tag?

● … Stunden.

▲ Und wie ist der Verdienst pro Stunde?

● … Euro.

▲ Gut, wann kann ich zu Ihnen kommen?

● Kommen Sie doch morgen um …
Unser Büro / Unsere Firma ist in der …straße …

▲ Ja, gut, das passt prima. Dann bis morgen.

● Gut, bis morgen. Auf Wiederhören.

Wie lang(e)? | Eine Stunde.
45 Minuten.
Von 8 Uhr **bis** 17 Uhr.

E3 Sie suchen eine Stelle. Schreiben Sie eine Anzeige.

Suche Arbeit als **Taxifahrer**
für einen Tag in der Woche.
Tel.: 0471/64 583

für | ein**en** Tag in der Woche
ein Wochenende
eine Stunde am Tag

Suche Arbeit als …

für | zwei Tage in der Woche / zwei Stunden am Tag / das Wochenende — am | Vormittag / Nachmittag / Abend

Schon fertig?
Sie haben eine Stelle frei.
Schreiben Sie eine Anzeige wie in E2.

Grammatik

1 Nomen: Wortbildung

Nachsilbe: *-in*
der Lehrer – **die** Lehrer**in** der Polizist – **die** Polizist**in** ⚠ **die Lehrerinnen**

Nachsilbe: *-frau / -mann*
der Kauf**mann** – **die** Kauf**frau** der Haus**mann** – **die** Haus**frau**

ÜG, 11.01

2 Präteritum: *sein* und *haben*

	sein		haben	
	Präsens	Präteritum	Präsens	Präteritum
ich	bin	**war**	habe	**hatte**
du	bist	**warst**	hast	**hattest**
er/es/sie	ist	**war**	hat	**hatte**
wir	sind	**waren**	haben	**hatten**
ihr	seid	**wart**	habt	**hattet**
sie/Sie	sind	**waren**	haben	**hatten**

ÜG, 5.06

3 Lokale Präposition *bei*, modale Präposition *als*

Wo arbeiten Sie? – Ich arbeite **als** Programmierer **bei** „Söhnke & Co".

ÜG, 6.03

4 Temporale Präpositionen: *vor*, *seit* + Dativ

		maskulin	neutral	feminin	Plural	
Wann? Ich *habe*	**vor**	ein**em** Monat	ein**em** Jahr	ein**er** Woche	zwei Monate**n**	geheiratet.
Seit wann?/ Wie lange? Ich *wohne*	**seit**	ein**em** Monat	ein**em** Jahr	ein**er** Woche	zwei Jahre**n**	in München.

ÜG, 6.01

5 Temporale Präpositionen: *für* + Akkusativ

		maskulin	neutral	feminin	Plural	
Für wie lange? Ich *suche*	**für**	ein**en** Monat	ein Jahr	eine Woche	zwei Wochen	eine Arbeit.

ÜG, 6.01

Wichtige Wendungen

Über den Beruf sprechen: Was sind Sie von Beruf?

Was sind Sie von Beruf?	Ich bin ...
Was machen Sie / machst du?	Ich arbeite bei ...
	Ich bin ... Aber ich arbeite jetzt nicht.
	Ich bin ... Aber ich arbeite jetzt als ...
	Ich habe keinen Beruf. Aber ich möchte gern als ... arbeiten.
	Ich bin zurzeit arbeitslos.

Über Privates sprechen: Wann bist du geboren?

Wann bist du geboren?	19..
Wo bist du geboren?	In ...
Wo hast du gewohnt?	In ... und in ...
Wann bist du nach Deutschland gekommen?	Vor einem Jahr. / Vor sechs Monaten. / ... 19../20..
Seit wann / Wie lange lernst du schon Deutsch?	Seit zwei Jahren. / Zwei Jahre.
Wo warst du da?	Am Meer. / In den Bergen. / Auf dem Land. / Am See.
Wann warst du da?	20.. / Im Herbst. / ...

8 Was Hände alles erzählen können

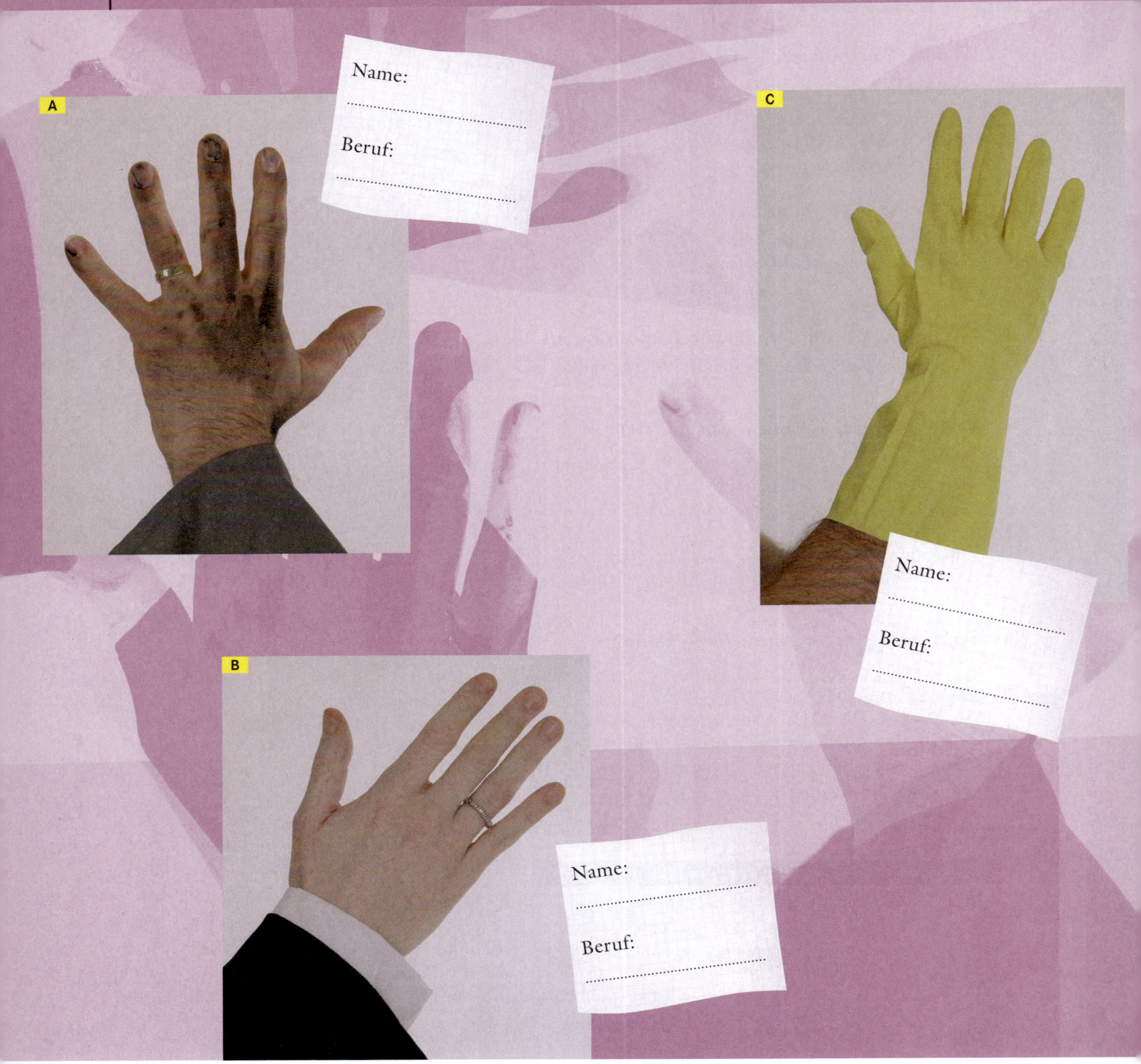

1 **Sehen Sie die Fotos an. Was sind die Leute von Beruf? Was glauben Sie?**

Automechaniker/-in • Hausmeister/-in • Putzhilfe • Hotelchef/-in • Krankenpfleger/Krankenschwester • Kellner/-in

> Ich glaube, Person A ist Mechniker von Beruf.

CD 1 19-21 **2** **Hören Sie die Gespräche.**

a Ordnen Sie zu. Welche Hände passen zu welchem Gespräch?

	Hand	+ Hand
Gespräch 1	....	....
Gespräch 2	....	....
Gespräch 3	....	....

b Ergänzen Sie die Namen und die Berufe.

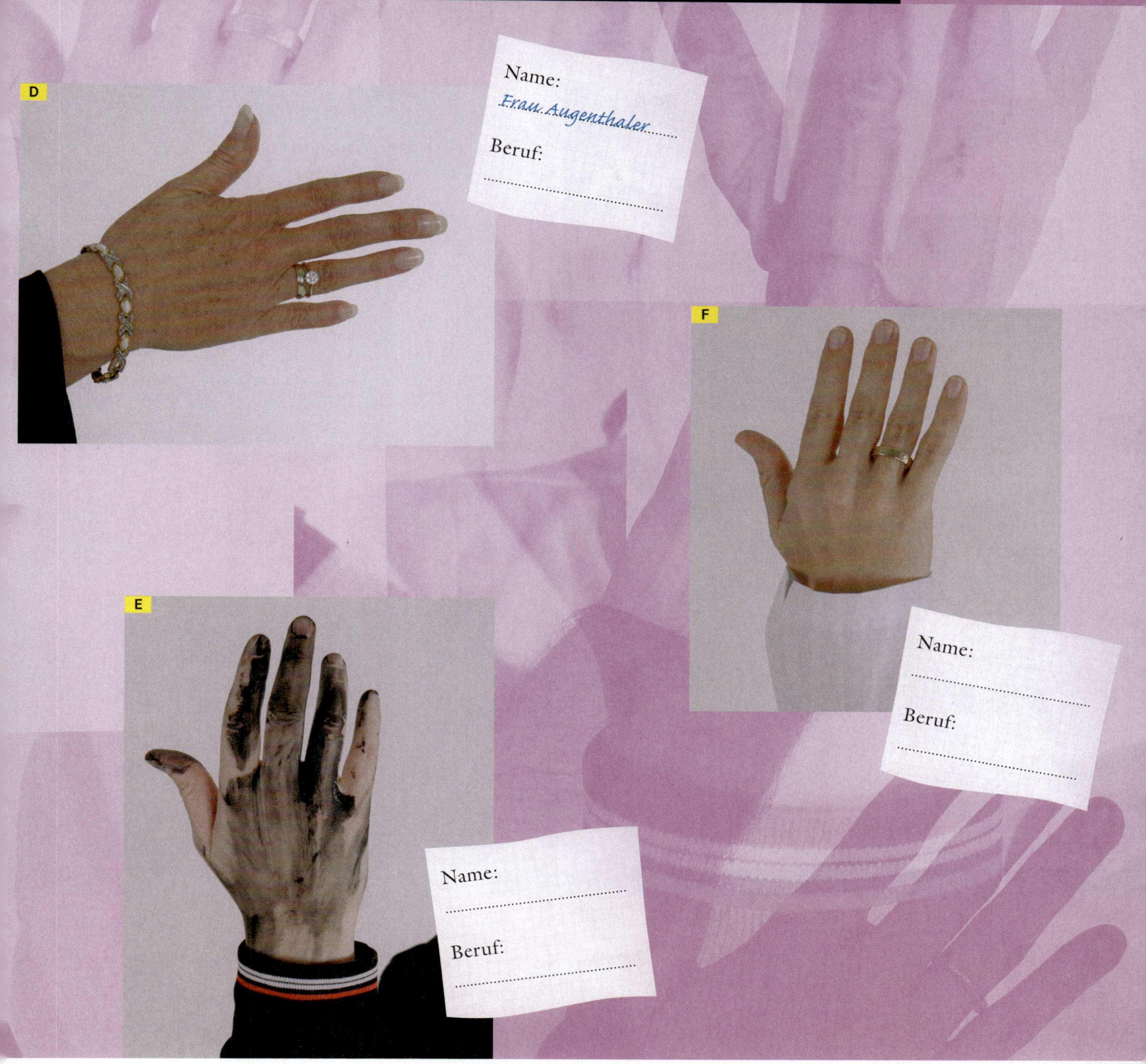

1 19-21

3 Hören Sie noch einmal. Richtig oder falsch? Kreuzen Sie an.

		richtig	falsch
	Gespräch 1		
a	Verena hat ein Problem mit ihrem Auto.	☐	☐
b	Max hat Verena geholfen.	☐	☐
	Gespräch 2		
c	Altan Dikmen spricht gut Deutsch.	☐	☐
d	Elke ist sehr freundlich.	☐	☐
	Gespräch 3		
e	Erwin möchte mit einem Freund nach Griechenland.	☐	☐
f	Erwin bekommt von seiner Chefin zwei Wochen Urlaub.	☐	☐

9 Ämter und Behörden

1

2

6

FOLGE 9: *SARA!*

7

1 Sehen Sie die Fotos an. Was meinen Sie? Kreuzen Sie an.

a Foto 1–9: Niko und Sara sind
- ☐ in der Schule.
- ☐ auf der Post.
- ☐ auf dem Amt.

b Foto 2–4: Niko und Sara
- ☐ kaufen Papier.
- ☐ brauchen eine Information.
- ☐ melden Niko für den Deutschkurs an.

c Foto 6: Niko und Sara
- ☐ lesen Zeitung.
- ☐ machen zusammen Hausaufgaben.
- ☐ füllen ein Formular aus.

2 Was meinen Sie? Warum ist Niko auf dem Amt?

Vielleicht sucht Niko eine Arbeit.

Ich glaube, Niko …

CD 1 22-30 **3** **Sehen Sie die Fotos an und hören Sie.**

4 **Richtig oder falsch? Kreuzen Sie an.**

		richtig	falsch
a	Niko hat eine neue Adresse.	☐	☐
b	Er versteht alle Wörter im Formular.	☐	☐
c	Die Frau glaubt, Sara ist Nikos Tochter.	☐	☐
d	Sara sagt, sie ist Nikos Tochter.	☐	☐

CD 1 22-30 **5** **Hören Sie noch einmal. Was passt? Ordnen Sie zu.**

a Sind Sie innerhalb von München umgezogen?
b „Einzugsdatum“?
c „Familienstand“?
d „Geschlecht“? „M“? „W“?

Verheiratet oder ledig.
Wann bist du in die neue Wohnung eingezogen?
Männlich oder weiblich, also Mann oder Frau.
Haben Sie vorher schon in München gewohnt?

Da **muss** man doch ein Formular **ausfüllen**, oder?

A1 Ordnen Sie zu.

A

B

C

D

E

F
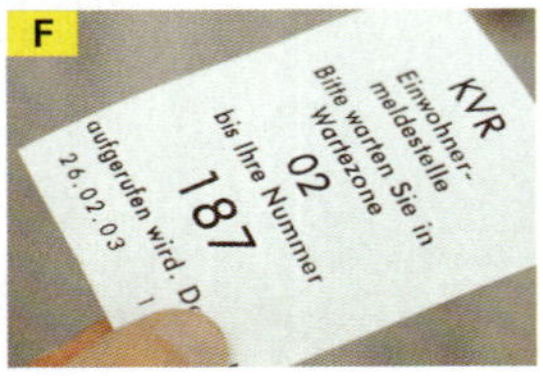

- [ ] Wo muss ich unterschreiben? – Hier.
- [ ] Du musst „W“ ankreuzen.
- [A] Da muss man doch ein Formular ausfüllen.
- [ ] Dann müssen wir eine Nummer ziehen.
- [ ] Ihr müsst einen Moment draußen warten.
- [C] Dann müssen Sie dieses Meldeformular ausfüllen.

ich	**muss**	wir	müssen
du	**musst**	ihr	müsst
er/sie	**muss**	sie/Sie	müssen

Ihr **müsst** einen Moment **warten**.

A2 Was sagt der Beamte? Sprechen Sie.

a Sebastian muss eine Nummer ziehen.
b Er muss einen Moment warten.
c Er muss leise sein.

d Frau Gruber muss ein Formular ausfüllen.
e Sie muss das Formular unterschreiben.
f Sie muss das Formular abgeben.

CD 1 31

A3 Am Fahrkartenautomat

a **Hören Sie und ordnen Sie.**

- [ ] bezahlen
- [ ] Erwachsener/Kind auswählen
- [1] das Ziel wählen
- [ ] die Fahrkarte und das Wechselgeld nehmen
- [ ] die Fahrkarte stempeln

b **Sprechen Sie.**

Zuerst muss man ... Danach ... und dann ...
Dann ... Zum Schluss ...

ich, du, er ... = speziell
man = generell (alle, jede Person)
⚠ man ≠ Mann

A4 Im Beruf / In der Familie: Was müssen Sie machen? Erzählen Sie.

Ich muss die Betten machen, das Abendessen kochen und ...

Ich bin Taxifahrer. Da muss man auch in der Nacht arbeiten. Man muss gut Auto fahren. Und man muss die Stadt gut kennen.

1 32

B1 Verbinden Sie die Sätze. Hören Sie dann und vergleichen Sie.

a	Gehen Sie	eine Nummer.
b	Ziehen Sie	das Formular ab.
c	Füllen Sie	jetzt hier weiter.
d	Geben Sie	das Formular aus.

Ziehen Sie eine Nummer.
Ziehen Sie bitte eine Nummer.

B2 Was sagen die Personen? Schreiben Sie.

einen Moment warten • hier ~~unterschreiben~~ • den Pass zeigen • an der Kasse bezahlen

A

Unterschreiben Sie bitte hier.

B

C

D

B3 Was passt? Ordnen Sie zu.

a	Ist das kalt!	Immer müssen wir leise sein!
b	Kinder, seid leise.	Dann esst einen Apfel.
c	Mama, ich habe Durst.	Dann mach doch das Fenster zu.
d	Mama, wir haben Hunger.	Warum? Ich fahre doch nur 90.
e	Fahr bitte nicht so schnell.	Sieh doch im Korb nach.
f	Mama, ich finde den Gameboy nicht.	Dann nimm eine Flasche Wasser.

(du) → **Mach** das Fenster zu!
Sieh im Korb nach!
Fahr langsam!
(ihr) → **Esst** einen Apfel!

⚠ sein
(du) → **Sei** leise!
(ihr) → **Seid** leise!
(Sie) → **Seien Sie** leise!

ich nehme
du **nimm**st
er/sie **nimm**t

1 33

B4 Hören Sie und variieren Sie.

a
● So ein Mistwetter! Ist das langweilig heute.
▲ Schreib doch einen Brief.

Varianten:
die Küche aufräumen • ein Buch nehmen und lesen • einen Kuchen machen

b
◆ Macht bitte die Handys aus!
■ Na gut!

Varianten:
nicht so laut sein • zuhören • alle zusammenbleiben

B5 Spiel: Probleme und Ratschläge

Ich habe Durst. — Trink doch ein Glas Wasser.

Trink ein Glas Wasser!
Trink **doch** ein Glas Wasser!

Ich habe Durst | Ich suche eine Wohnung | Ich brauche Geld
Ich habe Hunger | Ich ...

C1 Ordnen Sie zu.

- [C] Darf Leo auch mitkommen?
- [ ] Dürfen wir fernsehen?
- [ ] Darf man hier parken?
- [ ] Darf ich Sie etwas fragen?

ich	**darf**	wir	dürfen
du	**darfst**	ihr	dürft
er/sie	**darf**	sie/Sie	dürfen

CD 1 34

C2 Hören Sie und variieren Sie.

▲ He, Niko. Du musst das Handy ausmachen.
● Wie bitte?
▲ Na, das Handy. Du darfst hier nicht telefonieren.

Varianten:
die Zigarette ausmachen – die Zigarette – rauchen ●
langsam fahren – das Schild – nur 100 fahren

C3 Schreiben Sie: Was ist erlaubt, was ist verboten?

essen ● rauchen ● ~~Hunde mitnehmen~~ ● telefonieren ● fotografieren ● parken

A *Hier darf man Hunde nicht mitnehmen.*

B *Hier darf man ...*

Schon fertig?
Kennen Sie andere Schilder? Zeichnen und schreiben Sie.

C4 In Ihrem Land: Was darf man? Was darf man nicht? Was muss man?

Wir dürfen keinen Alkohol trinken.

Bei uns muss man nach dem Essen „Danke" sagen.

Jungen – Mädchen	in der Schule		
Kinder	im Hotel	Erwachsene	im Schwimmbad
im Museum	im Restaurant	Essen	auf dem Amt

D1 **Lesen Sie das Formular unten. Richtig oder falsch?**

		richtig	falsch
a	Familie Galanis zieht im September in die neue Wohnung.	☒	☐
b	Die neue Adresse ist Deutschstraße 56.	☐	☐
c	Der Vorname von Herrn Galanis ist Yorgos.	☐	☐
d	Herr Galanis ist ledig.	☐	☐
e	Herr Galanis hat im Oktober Geburtstag.	☐	☐
f	Herr Galanis ist 1975 in Thessaloniki geboren.	☐	☐
g	Herr Galanis ist Deutscher.	☐	☐

Die Monate

Januar, Juli, Februar, August, März, September, April, Oktober, Mai, November, Juni, Dezember

Ich bin Deutscher.
Ich bin Deutsche.

Wann sind Sie geboren? – Im März.

ANMELDUNG bei der Meldebehörde

Einzugsdatum 0 1 | 0 9 | 2 0 . .

Neue Wohnung: *Deutzstr. 56, 50679 Köln* — Bisherige Wohnung:

Die neue Wohnung ist ☐ Hauptwohnung ☐ Nebenwohnung.

1
- Familienname *Galanis*
- ggf. Geburtsname
- Vornamen *Yorgos*
- Geschlecht ☐ m ☐ w
- Geburtsdatum *18 10 1970* — Geburtsort *Thessaloniki; Griechenland*
- Familienstand: ☐ ledig ☒ verheiratet ☐ geschieden ☐ verwitwet ☐ Lebenspartnerschaft ☐ Lebenspartnerschaft aufgehoben ☐ dauernd getrennt lebend
- Staatsangehörigkeit *griechisch*
- Berufstätig

2
- Familienname
- ggf. Geburtsname *Markaris*
- Vornamen *Dimitra Elena*
- Geschlecht ☐ m ☐ w
- Geburtsdatum *05 07 1972* — Geburtsort *Athen*
- Familienstand: ☐ ledig ☒ verheiratet ☐ geschieden ☐ verwitwet ☐ Lebenspartnerschaft ☐ Lebenspartnerschaft aufgehoben ☐ dauernd getrennt lebend
- Staatsangehörigkeit
- Berufstätig

3
- Familienname *Galanis*
- ggf. Geburtsname
- Vornamen
- Geschlecht ☐ m ☐ w
- Geburtsdatum *09 12 2002* — Geburtsort
- Familienstand: ☒ ledig ☐ verheiratet ☐ geschieden ☐ verwitwet ☐ Lebenspartnerschaft ☐ Lebenspartnerschaft aufgehoben ☐ dauernd getrennt lebend
- Staatsangehörigkeit
- Berufstätig *nein*

4
- Familienname
- ggf. Geburtsname
- Vornamen
- Geschlecht ☐ m ☐ w
- Geburtsdatum — Geburtsort
- Familienstand: ☐ ledig ☐ verheiratet ☐ geschieden ☐ verwitwet ☐ Lebenspartnerschaft ☐ Lebenspartnerschaft aufgehoben ☐ dauernd getrennt lebend
- Staatsangehörigkeit
- Berufstätig

Ort, Datum *Köln, 22.09.20..*

Unterschrift *Yorgos Galanis*

CD 1 35 **D2** **Hören Sie das Gespräch auf dem Amt. Ergänzen Sie das Formular.**

Um Erklärung bitten

CD 1 36

E1 Hören Sie und ergänzen Sie.

heißt • bedeutet • verstehe • ~~helfen~~ • wiederholen • erklären

a
- ● Entschuldigen Sie. Können Sie mir helfen?
- ▲ Ja, bitte?
- ● Darf ich Sie etwas fragen? Ich .... dieses Formular nicht so gut. Ich bin nämlich Ausländer.

b
- ▲ Hier müssen Sie noch das Geschlecht ankreuzen.
- ● Wie bitte? Was heißt Geschlecht?
- ▲ Das .... „Mann" oder „Frau". Bei 1 kreuzen Sie also „m" an.

c
- ▲ Sie müssen auch noch das Geburtsland von Ihrer Ehefrau und den Geburtsort von Ihrer Tochter eintragen. Ihre Frau ist ja auch in Griechenland geboren.
- ● Können Sie das bitte ....?

d
- ● Und bitte, was .... Staatsangehörigkeit?
- ▲ Ihre Nationalität. Sie kommen doch aus Griechenland, nicht wahr?

e
- ▲ Berufstätig. Haben Sie das verstanden?
- ● Nein, können Sie das bitte ....?

ich	helfe
du	hilfst
er/sie	hilft

E2 Sie verstehen den Beamten nicht. Was sagen Sie? Kreuzen Sie an.

a Sie müssen den Antrag hier ausfüllen und beim Ausländeramt abgeben. Verstehen Sie?
- [x] Nein. Können Sie das bitte erklären?
- [ ] Buchstabieren Sie bitte „Ausländeramt".

b Sie müssen selbst kommen und alle wichtigen Dokumente mitbringen.
- [ ] Ist das ein Problem?
- [ ] Entschuldigung, was bedeutet „Dokumente"?

c Sie müssen dem Amt Auskunft über Ihre Person, den Wohnort und den Arbeitsplatz geben.
- [ ] „Auskunft"? Das Wort habe ich nicht verstanden.
- [ ] Ich brauche bitte eine Auskunft.

d Leben Ihre Angehörigen auch in Deutschland? Dann müssen Sie auch für die Angehörigen einen Antrag ausfüllen.
- [ ] Die Angehörigen sind meine Familie.
- [ ] Noch einmal, bitte. Ich kann noch nicht so gut Deutsch.

E3 Wählen Sie eine Situation und spielen Sie im Kurs vor.

Im Restaurant
Gast
Sie lesen die Speisekarte und verstehen das Wort „Forelle" nicht.

Im Restaurant
Kellner/Kellnerin
Sie erklären:
Forelle =

In der Sprachschule
Schüler/Schülerin
Sie füllen eine Anmeldung aus, aber Sie kennen viele Wörter nicht (Familienname, Vorname, Wohnort ...). Bitten Sie um Hilfe.

In der Sprachschule
Sekretär/Sekretärin
Helfen Sie bei der Anmeldung.
Erklären Sie die Wörter: Familienname, Vorname, Wohnort ...

Wie bitte? Was heißt/bedeutet ...?
Das habe ich nicht verstanden.
Können Sie das bitte erklären?
Ich verstehe ... nicht.
Noch einmal, bitte.

Schon fertig?
Spielen Sie andere Situationen.

Grammatik

1 Modalverben: *müssen* und *dürfen*

	müssen	dürfen
ich	**muss**	**darf**
du	**musst**	**darfst**
er/es/sie/man	**muss**	**darf**
wir	müssen	dürfen
ihr	müsst	dürft
sie/Sie	müssen	dürfen

→ ÜG, 5.11

2 Modalverben im Satz

	Position 2		Ende
Sie	**müssen**	dieses Formular	**ausfüllen**.
Sie	**dürfen**	hier nicht	**rauchen**.

→ ÜG, 10.02

3 Pronomen: *man*

Da muss **man** ein Formular ausfüllen.
= Da müssen alle ein Formular ausfüllen.

→ ÜG, 3.01

4 Verb: Konjugation

	nehmen	helfen
ich	nehme	helfe
du	**nimmst**	**hilfst**
er/es/sie	**nimmt**	**hilft**
wir	nehmen	helfen
ihr	nehmt	helft
sie/Sie	nehmen	helfen

→ ÜG, 5.01

5 Imperativ

		⚠	⚠
(du)	**Komm** mit! **Sieh** im Korb nach!	**Fahr** langsam!	**Sei** leise!
(ihr)	**Lest** den Text!		**Seid** leise!
(Sie)	**Füllen Sie** das Formular aus.		**Seien Sie** leise!

→ ÜG, 5.19

Wichtige Wendungen

Nachfragen: Wie bitte?

Darf ich Sie etwas fragen?
Können Sie mir helfen?
Ich brauche eine Auskunft.
Ich verstehe dieses Wort nicht.
Das habe ich nicht verstanden.
Was heißt/bedeutet das Wort?
Können Sie das bitte wiederholen?
Können Sie das bitte erklären?
Wie bitte?
Sie kommen doch aus …, nicht wahr?
Noch einmal, bitte. Ich kann noch nicht so gut Deutsch.
Buchstabieren Sie bitte.

Eine Aussage gliedern: Zuerst …

Zuerst …
Dann …
Danach … und dann …
Zum Schluss …

9 „Möchtest du im Sommer für ein paar Wochen nach München kommen?“

Juliette lernt seit ein paar Monaten Deutsch. Sie lebt in Madagaskar, in Antananarivo. Juliette war noch nie in Deutschland. Beim Chat im Internet lernt sie Eva kennen. Eva wohnt in Süddeutschland. Eva lädt Juliette ein. Juliette freut sich.

Juliette darf nicht einfach nach Deutschland fahren. Zuerst muss sie zur deutschen Botschaft in Antananarivo gehen. Sie braucht ein Besuchervisum. Das ist eine **Einreiseerlaubnis**. Damit kann Juliette für maximal 90 Tage nach Deutschland kommen.

Deutsche Botschaft, Antananarivo

Juliette:	Mein Name ist Juliette Raherisoa. Ich möchte meine Freundin Eva Ruhland in München besuchen und brauche ein Besuchervisum.
Botschaftsangehöriger:	Aha. Haben Sie denn eine „Verpflichtungserklärung“ von Frau Ruhland?
Juliette:	Eine „Verpflichtungserklärung“? Hm, dieses Wort verstehe ich nicht. Können Sie das auf Französisch oder Malagasy erklären?
Botschaftsangehöriger:	Nein, aber ich hole einen Dolmetscher.
Juliette:	Oh, das ist nett. Vielen Dank.

Juliette braucht eine schriftliche **Verpflichtungserklärung** für ausländische Besucher von Eva. Eva muss unterschreiben: Ich bezahle alles, was Juliette in Deutschland zum Leben braucht (Wohnung, Essen, ...).

Eva ruft bei der Behörde an.

Eva: Guten Tag, Herr Kotteder. Mein Name ist Eva Ruhland. Eine Freundin aus Madagaskar möchte mich besuchen. Für das Besuchervisum braucht sie meine Verpflichtungserklärung. Kann ich die telefonisch bekommen?

Beamter: Nein, Frau Ruhland, Sie müssen in die Ausländerbehörde kommen. Sie müssen Ihren Ausweis mitbringen und einen „Einkommensnachweis“.

1 Lesen Sie die Texte. Welche Dokumente braucht Juliette für ihr Visum? Unterstreichen Sie.

eine Verpflichtungserklärung von Eva – eine Tageszeitung – eine Reisekrankenversicherung – einen Einkommensnachweis – einen Reisepass – einen Personalausweis – einen Terminkalender – eine Lohnsteuerkarte

STOP Eva muss zur Ausländerbehörde gehen und dort einen Einkommensnachweis und ihren Ausweis zeigen. Die Behörde möchte wissen: Verdient Eva Geld? Kann sie für Juliette bezahlen? Den Einkommensnachweis muss Eva in ihrer Firma holen.

Ausländerbehörde, München

Beamtin: So, bitte. Hier ist Ihre Verpflichtungserklärung.

Eva: Vielen Dank. Hoffentlich hat Juliette jetzt alles für ihr Besuchervisum.

Beamtin: Ich denke schon. Eine „Krankenversicherung" für die Reise hat sie ja, oder?

Eva: Ich weiß nicht.

STOP Ohne **Reisekrankenversicherung** bekommt Juliette kein Visum. Die Reisekrankenversicherung zahlt, wenn Juliette auf der Reise krank wird. Zum Glück kann Eva so eine Versicherung für Juliette auch in Deutschland bekommen.

Deutsche Botschaft, Antananarivo

Juliette: Hier ist mein Reisepass und hier ist die Verpflichtungserklärung von Frau Ruhland aus München. Bekomme ich jetzt mein Besuchervisum für Deutschland?

Botschaftsangehöriger: Haben Sie denn auch eine „Reisekrankenversicherung"?

Juliette: Ja, die habe ich. Hier bitte!

2 ***müssen* oder *dürfen*? Ergänzen Sie.**

Juliette darf............ nicht einfach zu Eva fahren. Sie .... zuerst ein Visum haben. Für das Visum .... Eva eine Verpflichtungserklärung unterschreiben. Zur deutschen Botschaft .... Juliette ihren Reisepass mitbringen. Mit dem Visum .... Juliette für maximal 90 Tage nach Deutschland kommen.

FOLGE 10: *SABINE*

1 Sehen Sie die Fotos an. Was meinen Sie? Kreuzen Sie an.

a Wo ist Niko?
- ☐ Beim Arzt.
- ☐ Auf dem Amt.

b Was sagt Niko?
- ☐ Ich habe Fieber.
- ☐ Mein Bein tut weh.

2 Zeigen Sie. Wo ist ...?

ein Verband • ein Knochen • eine Versichertenkarte

3 Sehen Sie Foto 7 an. Was meinen Sie: Warum lacht Niko?

Vielleicht ...

Ich glaube, Niko ...

CD 1 37-44 **4 Sehen Sie die Fotos an und hören Sie.**

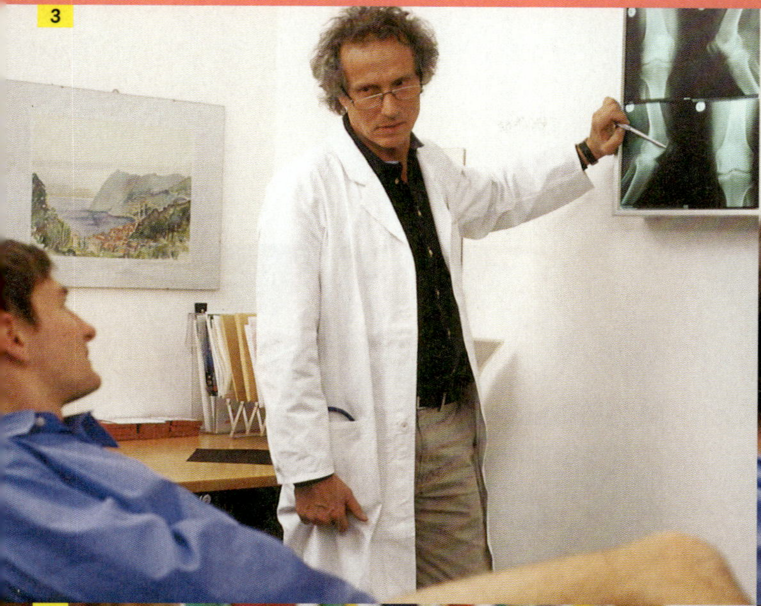

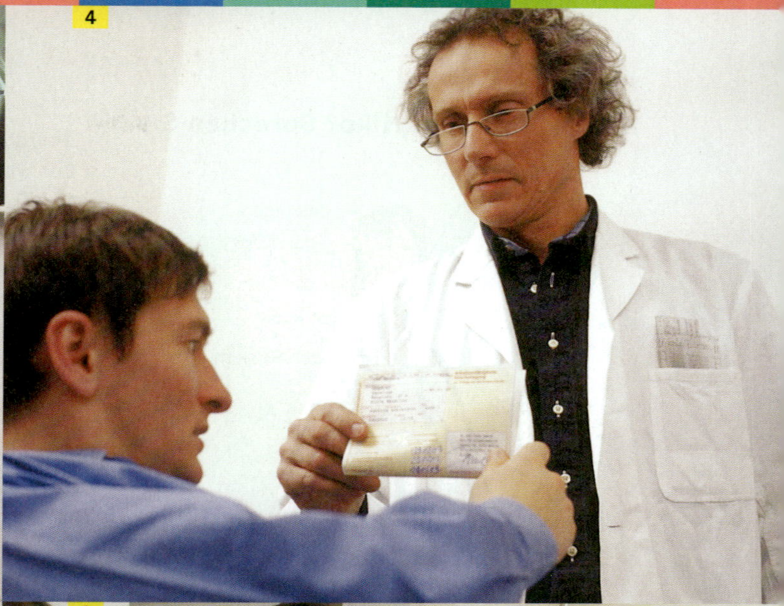

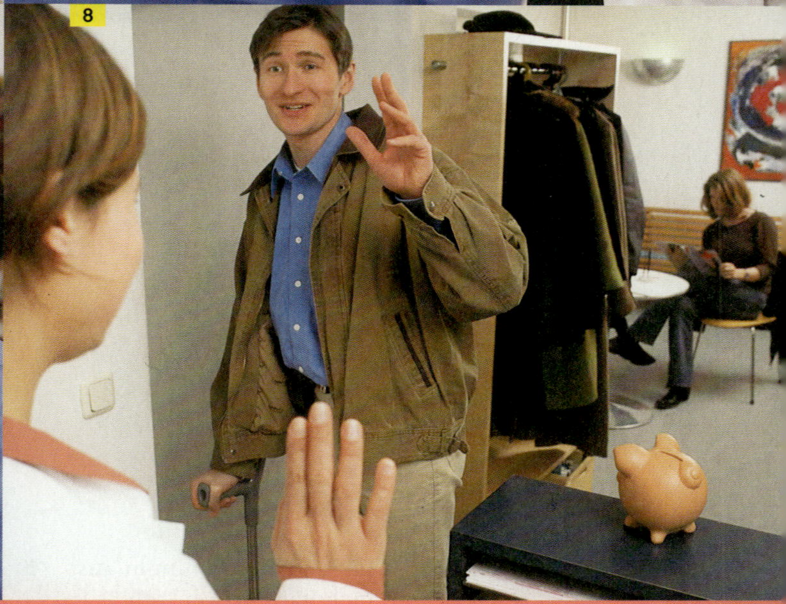

5 **Was passiert? Ordnen Sie die Sätze.**

- [2] Niko gibt seine Versichertenkarte ab.
- [ ] Dann sagt der Arzt: Niko kann eine Woche nicht arbeiten. Er gibt Niko eine Krankmeldung.
- [ ] Der Arzt sieht Nikos Bein an. Es ist nicht gebrochen.
- [ ] Niko bekommt einen Verband und Salbe.
- [ ] Die Arzthelferin sagt: Niko braucht jeden Tag einen neuen Verband.
- [1] Niko kommt zum Arzt. Er hatte einen Unfall. Sein Bein tut weh.

6 **Ergänzen Sie: Versichertenkarte • Krankmeldung**

a Der Arzt schreibt eine .... Hier steht, wie lange man nicht arbeiten kann/darf. Man muss sie in der Firma / beim Arbeitgeber abgeben.

b Man muss die .... in der Arztpraxis zeigen. Sie ist von der Krankenversicherung.

A Oh je, **Ihr Bein**!

A1 Was sagt Niko? Sprechen Sie.

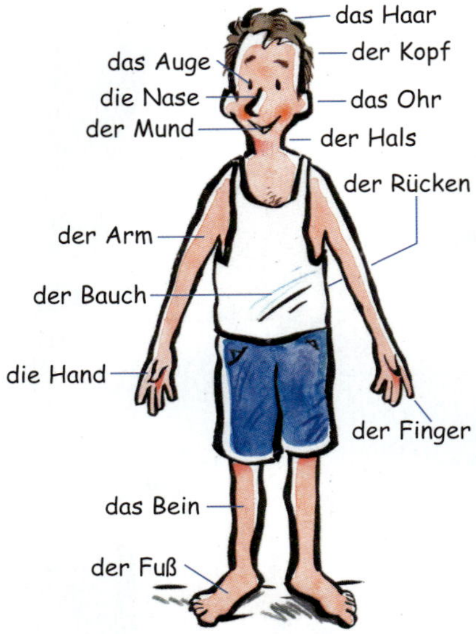

der Mensch

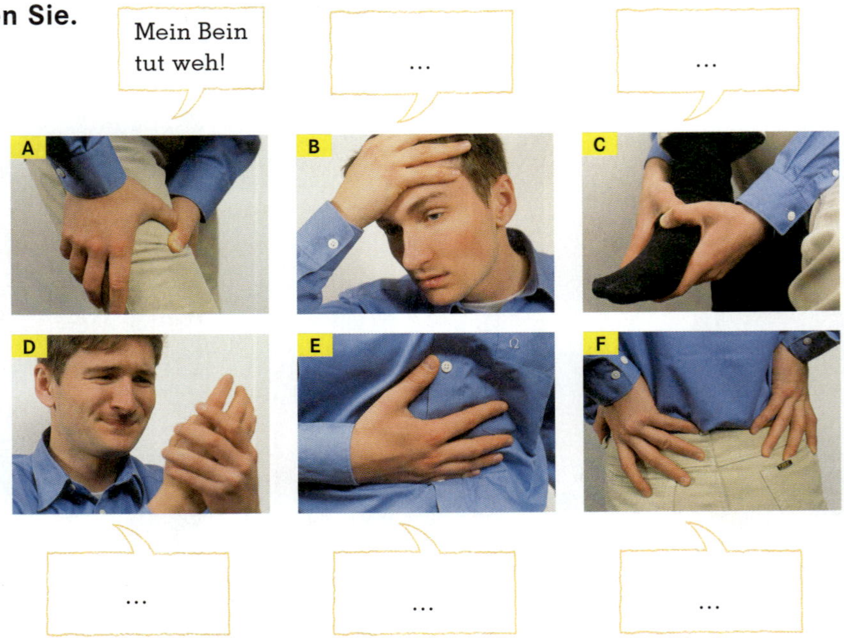

CD 1 45

A2 Hören Sie und variieren Sie.

du	**dein**	Fuß
	dein	Bein
	deine	Hand
	deine	Augen
Sie	**Ihr**	Fuß
	Ihr	Bein
	Ihre	Hand
	Ihre	Augen

a
- ● Oh, Ihre Hand sieht ja schlimm aus.
- ▲ Ja, sie tut auch ganz schön weh.
- ● Nehmen Sie das hier. Das hilft gegen die Schmerzen.

Varianten:
Bein • Auge • Arm • Fuß • Finger

b
- ■ Wie siehst du denn aus! Dein Fuß ist ja ganz dick!
- ◆ Ich habe auch starke Schmerzen.
- ■ Dann geh doch zum Arzt!

Varianten:
Hals • Nase • Arm • Bein • Hand

A3 Kettenspiel

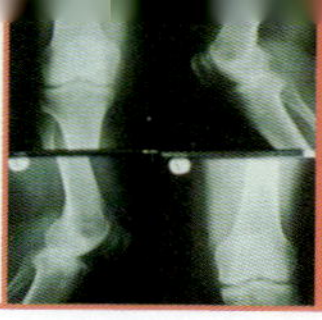

D 1 46 **B1** **Hören Sie die Gespräche und ergänzen Sie.**

Meine • Sein • ihre • sein

a
- ● Mama, warum kommt Niko heute nicht?
- ▲ Niko ist krank. .... Bein tut sehr weh.
- ● Ist .... Bein gebrochen?
- ▲ Nein, Gott sei Dank nicht.

b
- ■ Martin-Luther-Schule, Sekretariat, Koch.
- ▲ Guten Morgen, Schneider hier. .... Tochter Sara kann heute nicht zur Schule kommen, ... Hand tut sehr weh.
- ■ Oh, das tut mir leid.

Sara: ihre Hand
Niko: seine Ohren

	sein Fuß		**ihr** Fuß
	sein Bein		**ihr** Bein
	seine Hand		**ihre** Hand
Niko/er	**seine** Ohren	Sara/sie	**ihre** Ohren

B2 **Schreiben Sie: Was tut den Personen weh?**

A 

Sein Hals tut weh.

B 

C 

D 

E 

D 1 47 **B3** **Hören Sie und ordnen Sie zu.**

A 

B 

C 

Text	1	2	3
Bild			

wir	**unser**	Arzt
	unser	Haus
	unsere	Karte
	unsere	Augen
ihr	**euer**	Arzt
	euer	Haus
	eure	Karte
	eure	Augen
sie	**ihr**	Arzt
	ihr	Haus
	ihre	Karte
	ihre	Augen

D 1 47 **B4** **Hören Sie noch einmal und ergänzen Sie.**

Unsere • Ihre • Euer

A Florian und Simon haben Ohrenschmerzen. .... Ohren tun sehr weh.
B Ich kann das auch nicht lesen. .... Augen sind einfach nicht mehr so gut.
C .... Wasser ist ja schon ganz kalt. Und ihr seid noch ganz schmutzig!

B5 **Monsterspiel**

Zeichnen Sie und beschreiben Sie ein Monster.
Ihre Partnerin / Ihr Partner zeichnet mit. Vergleichen Sie Ihre Zeichnungen.

Irene

Hans

Mein Monster heißt Irene. Ihr Kopf ist sehr schmal. Ihre Haare sind kurz, ihre Augen sind sehr groß. ...

Mein Monster heißt Hans. Sein ...

Der Doktor sagt, Sie **sollen** eine Woche zu Hause **bleiben**.

CD 1 48

C1 Hören Sie und schreiben Sie. Sprechen Sie.

Bleiben Sie eine Woche zu Hause!

Entschuldigung, ich verstehe nicht.

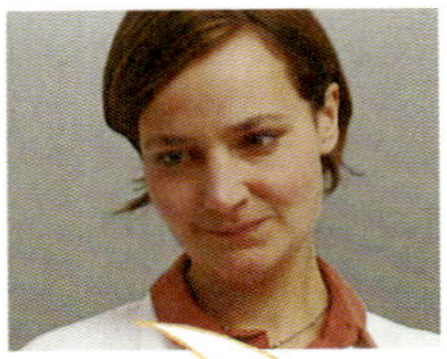

Der Doktor sagt, Sie sollen eine Woche zu Hause bleiben.

a Gehen Sie in die Apotheke!
b Geben Sie das Rezept ab!
c Kaufen Sie die Salbe!
d Kommen Sie morgen wieder!
e Machen Sie den Verband neu!

a *Der Doktor sagt, Sie sollen …*
b *Der Doktor sagt, …*

Bleiben Sie zu Hause!
Der Doktor sagt: Sie **sollen** zu Hause **bleiben**.

CD 1 49

C2 Hören Sie und variieren Sie.

● Muss ich wirklich die Medizin nehmen?
■ Ja, der Arzt hat doch gesagt, du sollst drei Tabletten nehmen!
● Was, ich soll drei Tabletten nehmen?

ich	**soll**
du	sollst
er/sie	**soll**
wir	sollen
ihr	sollt
sie/Sie	sollen

Varianten:
alles trinken – viel Tee trinken • im Bett bleiben – nicht aufstehen • ruhig sein – nicht so viel sprechen • schon schlafen – sehr viel schlafen

CD 1 50

C3 Gesundheitstelefon: Hören Sie und notieren Sie.

Anrufer	Gesundheitsproblem	Rat
Herr Lex	*müde*	■ *viel trinken* ■ *spazieren gehen* ■
Christine		■ ■ … *öffnen*
Herr Maier		■ ■

C4 Was sollen die Personen tun? Schreiben Sie.

Herr Lex ist oft müde. Er soll viel trinken. Er soll auch …

Schon fertig?
Haben Sie noch mehr Tipps? Schreiben Sie.

C5 Im Kurs: Geben Sie Gesundheits-Tipps.

Meine Freundin … / Mein Sohn … / Mein/e … / Ich …

Meine Mutter hat oft Rückenschmerzen.

Dann soll sie mehr Sport machen.

Kann nicht schlafen · *Spazieren gehen* · *Halsschmerzen* · *keinen Kaffee trinken* · *Fieber* · *im Bett bleiben* · *zu dick* · *keine Schokolade essen* · *Tabletten nehmen* · *Wasser vor dem Essen trinken* · *Sport machen*

D1 51

D1 Hören Sie: Welche Krankmeldung passt?

☐ **A**

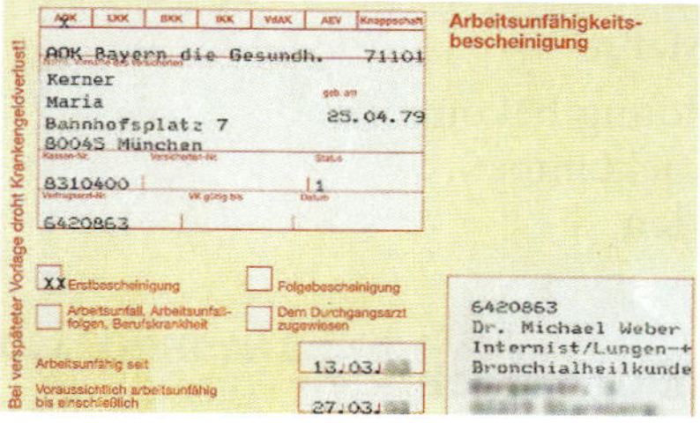

☐ **B**

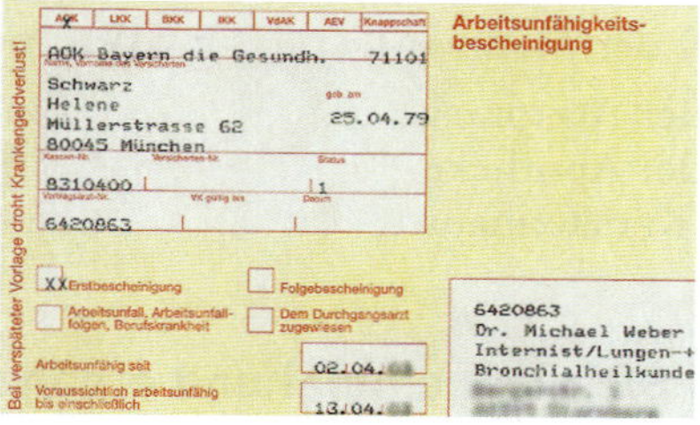

D1 51

D2 Bringen Sie das Gespräch in die richtige Reihenfolge. Hören Sie dann noch einmal und vergleichen Sie.

- ☐ Oh ja, Donnerstag ist super. Danke.
- ☐ Ich bin krank. Mein Hals tut so weh und mein Kopf auch.
- 1 Katja? Hallo, hier ist Maria aus dem Deutschkurs.
- ☐ Jetzt bleib aber erst mal im Bett und gute Besserung!
- ☐ Der Arzt sagt, ich soll zwei Wochen zu Hause bleiben. Kannst du mir vielleicht die Arbeitsblätter mitbringen?
- ☐ Ach, das tut mir aber leid.
- ☐ Hallo Maria, wie geht's dir? Wo warst du denn heute?
- ☐ Ja, das mache ich, danke. Tschüs dann!
- ☐ Na klar. Ich besuche dich am Donnerstag und bringe sie mit, ja?

D3 Lesen Sie den Brief und ordnen Sie zu.

der Absender →
die Postleitzahl
die Hausnummer
der Ort
die Straße
der Empfänger
der Betreff
die Anrede
das Datum
die Unterschrift
der Gruß

Maria Kerner · Hohenzollernstraße 1 · 96049 Bamberg

Intersprach-Schule
Heiliggrabstraße 11
96052 Bamberg

Bamberg, 8. November 20..

Krankmeldung

Sehr geehrte Frau Wilms,

leider kann ich zwei Wochen nicht in Ihren Kurs kommen. Ich bin krank.
Anbei finden Sie die Krankmeldung.
Bitte geben Sie Frau Piwon die Arbeitsblätter für die nächsten Stunden mit.

Mit freundlichen Grüßen

Maria Kerner

D4 Unterstreichen Sie in diesem Brief:

Warum kommt Frau Kerner nicht in den Kurs? Wie lange kommt sie nicht? Was soll die Lehrerin tun?

D5 Schreiben Sie einen Brief.

Ihr Kind ist krank. Sie können nicht zum Deutschkurs kommen.
Frau Mattei geht auch in den Kurs und kann die Hausaufgaben mitbringen.
Die Lehrerin soll Frau Mattei die Hausaufgaben aufschreiben.

Schon fertig?
Schreiben Sie das Gespräch zwischen Frau Mattei und der Lehrerin.

E Terminvereinbarung

CD 1 52

E1 Hören Sie das Gespräch und kreuzen Sie an.

a Wo ruft der Mann an?
- ☐ In der Arztpraxis.
- ☐ In der Apotheke.
- ☐ Im Krankenhaus.

b Was möchte der Mann?
- ☐ Eine Krankmeldung bekommen.
- ☐ Einen Termin bekommen.
- ☐ Sich krankmelden.

CD 1 52

E2 Hören Sie noch einmal und ergänzen Sie das Gespräch.

heute • sofort • später • morgen • gleich

Dr. med. Rolf Meyer
Arzt für Innere Medizin

Sprechzeiten: Mo.-Fr. 8.30-11.00
Mo. Di. Do. 16.00-18.30
und nach Vereinbarung Tel. 77 62 3

● Praxis Dr. Meyer, guten Tag.

▲ Guten Morgen, hier Weißhaupt. Könnte ich bitte einen Termin haben?

● Wann haben Sie denn Zeit, Herr Weißhaupt? Am Vormittag oder am Nachmittag?

▲ Nein, ich möchte bitte .... kommen. Es ist dringend.

● Ach so, ja mal sehen. Morgen um 11.30 Uhr habe ich etwas frei.

▲ Erst ....? Geht es vielleicht .... noch?

● Hm, der Herr Doktor kommt heute erst am Nachmittag.

▲ Könnte ich einfach .... vorbeikommen?

● In Ordnung. Kommen Sie aber nach 16 Uhr.

▲ Vielen Dank. Bis ....

E3 Rollenspiel: Spielen Sie Telefongespräche.

Arzttermin
Rufen Sie bei einem Arzt an.
Sie wollen heute noch kommen.
Sie haben Schmerzen.

Arzttermin
Sie arbeiten in einer Arztpraxis.
Heute ist kein Termin mehr frei.
Morgen und übermorgen haben Sie noch Termine frei.

Friseurtermin
Rufen Sie beim Friseur an.
Sie wollen heute noch kommen.

Friseurtermin
Sie arbeiten bei einem Friseur.
Heute Abend ist ein Termin frei.

Krankengymnastik-Termin
Rufen Sie in einer Praxis für Krankengymnastik an.
Sie wollen heute noch kommen.
Ihr Arm tut sehr weh.

Krankengymnastik-Termin
Sie arbeiten in einer Praxis für Krankengymnastik.
Sie haben erst in einer Woche Termine frei.

Schon fertig?
Schreiben Sie ein Gespräch.

Grammatik

1 Possessivartikel: *mein, dein, …*

	maskulin	neutral	feminin	Plural	⚠ Akkusativ maskulin
ich	mein Arzt	mein Rezept	meine Apotheke	meine Augen	meinen Fuß
du	dein	dein	deine	deine	deinen Fuß
er/es	sein	sein	seine	seine	…
sie	ihr	ihr	ihre	ihre	
wir	unser	unser	unsere	unsere	
ihr	euer	euer	eure	eure	
sie	ihr	ihr	ihre	ihre	
Sie	Ihr	Ihr	Ihre	Ihre	

ÜG, 2.04

2 Modalverb: *sollen*

	sollen
ich	**soll**
du	sollst
er/es/sie	**soll**
wir	sollen
ihr	sollt
sie/Sie	sollen

ÜG, 5.12

3 Modalverben im Satz

	Position 2		Ende
Sie	**sollen**	zu Hause	**bleiben**.

ÜG, 10.02

Wichtige Wendungen

Einen offiziellen Termin vereinbaren: Könnte ich bitte einen Termin haben?

Könnte ich bitte einen Termin haben?
Es ist dringend.

Wann haben Sie denn Zeit?
Ich habe nächsten Mittwoch / nächste Woche noch etwas frei.

Über das Befinden sprechen: Mein Bein tut weh!

Mein Bein tut (sehr) weh. / Meine Ohren tun weh.
Ich habe (starke) Ohren-/Hals-/Bauchschmerzen.
Ich bin krank. Ich habe Fieber.
Ihre Hand sieht ja schlimm aus!
Dein Fuß ist ja ganz dick!
Das Bein ist nicht gebrochen.
Gute Besserung.

Handlungsanweisungen geben: Bleiben Sie im Bett!

Bleiben Sie im Bett.
Sie müssen zu Hause bleiben.
Geh doch zum Arzt.
Der Doktor sagt, Sie sollen Tabletten nehmen.

Strategien

Was hat er gesagt? • Oh je. • Was? •
Ach so! • Mal sehen. • Gott sei Dank.

Hilfe! Ich brauche Hilfe!

Eine plötzliche Krankheit oder ein Unfall, das kann leider jederzeit passieren. In so einer Situation braucht man dringend Hilfe. In den deutschsprachigen Ländern gibt es zum Glück ein sehr gutes Nothilfe-System. Wichtig ist: Bleiben Sie ruhig und geben Sie den Helfern alle wichtigen Informationen. Lesen Sie nun ein paar Tipps für den Notfall.

Ich brauche einen Arzt oder Zahnarzt

Problem: Ein Mensch ist plötzlich sehr schlimm krank oder hatte einen schweren Unfall. Er braucht ganz dringend einen Arzt.

Diesen **Notarzt** kann man in allen EU-Staaten* kostenlos mit der Telefonnummer **112** rufen. Neben großen Straßen und Autobahnen gibt es **Notrufsäulen**. Auch mit ihnen kann man den Notarzt holen. Bitte rufen Sie ihn aber nur in einem echten Notfall.

Problem: Ein Mensch ist krank oder hatte einen Unfall. Er möchte zum Arzt, aber die Praxen haben um diese Zeit schon geschlossen.

Man ruft den **ärztlichen Notdienst**** an. Man muss ein paar Fragen beantworten. Dann kommt ein Arzt oder man bekommt eine Adresse und muss dorthin kommen. Bei Zahnschmerzen kann man den **zahnärztlichen Notdienst**** anrufen. Krankenhäuser und Zahnkliniken haben eigene Notdienste, die **Ambulanzen**. Auch dort bekommt man ärztliche Nothilfe.

* und auch in der Schweiz
** Achtung: Die ärztlichen und zahnärztlichen Notdienste haben regional unterschiedliche Telefonnummern. Sie finden sie zum Beispiel im Telefonbuch, im Regionalteil Ihrer Tageszeitung oder im Internet.

1 Lesen Sie die Texte. In den folgenden Sätzen sind Fehler. Korrigieren Sie.

a Welche Apotheken haben Notdienst in Ihrer Stadt? – Das finden Sie im Telefonbuch.
b Ein Anruf beim Notarzt kostet sechs Cent.
c Der ärztliche und zahnärztliche Notdienst hat die Telefonnummer 112.

2 Ein Notruf

a Sehen Sie die Zeichnung an und ergänzen Sie das Gespräch. Wählen Sie die passenden Teile aus.

Ein Mann • Arm • in der Rosenstraße bei der Aral-Tankstelle • am Käuzchenweg vor der Hausnummer 17 • Autounfall • Motorradunfall • Kopf • am Goetheplatz • Bein • Zwei Menschen

Ich brauche ein Medikament

Problem: Ich brauche dringend ein Medikament*, aber meine Apotheke hat nicht geöffnet.

Dieses Symbol zeigt Ihnen: Hier ist eine Apotheke.

Es gibt einen **Apotheken-Notdienst**. Notdienst-Apotheken haben 24 Stunden lang geöffnet. Welche Apotheke gerade Notdienst hat, das können Sie im Regionalteil Ihrer Tageszeitung oder im Internet lesen. Sie finden die Information aber auch auf einem Schild am Eingang oder im Fenster Ihrer Apotheke.

* Medikamente bekommen Sie entweder direkt vom Arzt oder in der Apotheke. Dort bekommen Sie manche Medikamente ohne Rezept. Für viele brauchen Sie aber ein ärztliches Rezept. Die meisten Apotheken haben nur am Vormittag und am Nachmittag geöffnet.

Tipps für den Notruf

Sie müssen Ihre Helfer genau über den Notfall informieren. Diese sechs *W*-Sätze sind dabei sehr wichtig:

Wo ist es passiert?
Was ist passiert?
Wie viele Personen sind krank oder verletzt?
Welche Krankheit oder Verletzung haben sie?
Wer ruft an?
Warten Sie, vielleicht haben die Helfer noch Fragen.

● Hier ist die Notrufzentrale. Ich höre.
Wo? ▲ Hallo? Ich bin hier in Neustadt, *am Goetheplatz*.
● Aha. Und was ist passiert?
Was? ▲ Es hat einen .... gegeben.
● Ist jemand verletzt?
Wie viele? ▲ .... ist verletzt.
● Ein Mann? Aha. Und was ist mit dem Mann?
Welche? ▲ Ich weiß nicht. Sein .... tut sehr weh.
● Gut. Sagen Sie mir jetzt bitte noch Ihren Namen.
Wer? ▲ …
● Der Notarzt fährt gerade los und ist in ein paar Minuten am Unfallort. Bitte bleiben Sie bei dem Verletzten. Danke und auf Wiederhören.

b Spielen Sie das Gespräch vor.

FOLGE 11: *GUSTAV HEINEMANN*

1 **Sehen Sie die Fotos an. Was meinen Sie?**

a Wen sucht Niko?
b Warum hat Niko Blumen dabei?

Ich glaube, Niko ...

2 **Was ist richtig?**

Niko nimmt ....

der Zug | die Straßenbahn | die U-Bahn | das Taxi | der Bus

CD 1 53-62 **3** **Sehen Sie die Fotos an und hören Sie.**

4 **Ergänzen Sie.**

Bein • Sohn • Sabine • ~~Arzt~~ • U-Bahn • Straße • Arzt

Niko geht zum *Arzt*.......... . Er hat Blumen dabei und möchte .... besuchen. Aber sie ist nicht da. Niko sucht im Telefonbuch ihre Adresse. Sie wohnt in der Gustav-Heinemann-Straße. Niko fährt mit der .... dorthin. Er findet die .... nicht sofort. Aber schließlich steht er am richtigen Haus. Leider ist Sabine nicht da. Aber ihr .... ist da. Er sagt, Sabine ist beim .... Zum Glück kommt sie gerade zurück. Sie ist auch hingefallen – und jetzt tut auch ihr .... weh.

Wo ist die Gustav-Heinemann-Straße?

A1 Was passt? Ordnen Sie zu.

▲ Wo ist die Gustav-Heinemann-Straße?
● Die Gustav-Heinemann-Straße? Warten Sie mal …

a Gehen Sie einfach hier geradeaus weiter und dann die erste Straße links. Das ist schon die Gustav-Heinemann-Straße.

b Sie gehen geradeaus weiter und dann die dritte Straße rechts. Das ist die Gustav-Heinemann-Straße.

c Gehen Sie gleich hier links und dann circa 200 Meter geradeaus. Dann kommen Sie direkt zur Gustav-Heinemann-Straße.

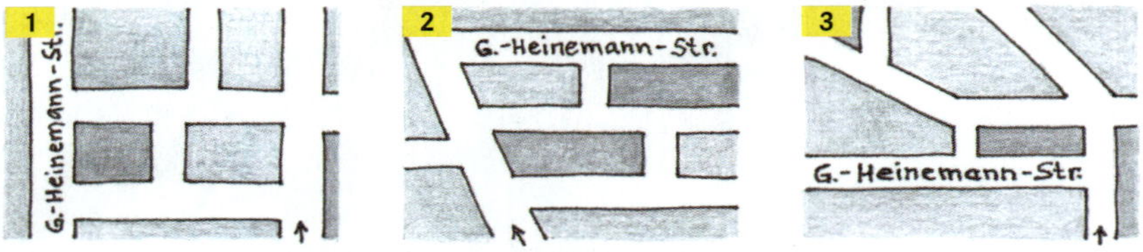

die **erste** Straße
die **zweite** Straße
die **dritte** Straße

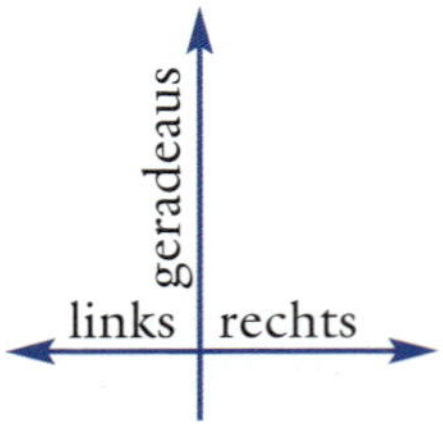

Text	a	b	c
Bild			

CD 1 63

A2 Hören Sie und zeichnen Sie den Weg.

● Sie sind hier.

A3 Sehen Sie den Stadtplan aus A2 an. Fragen Sie und antworten Sie.

Entschuldigung,
ich suche den Bahnhof, das Kino, …
Wo ist hier der Kindergarten?
Ist hier eine Post in der Nähe?

Gehen Sie immer geradeaus.
Sie gehen zuerst geradeaus und dann die zweite Straße rechts.
Tut mir leid, ich bin auch fremd hier.
Ja, gehen Sie geradeaus und nach 300 Metern links.

D1 64

A4 Hören Sie und variieren Sie.

▲ Wie weit ist es zum Goetheplatz?
Kann ich zu Fuß gehen?

● Zu Fuß? Nein, das ist viel zu weit.
Sie müssen mit der U-Bahn fahren.

Varianten:
zum Supermarkt – mit dem Bus
zum Hotel – mit der Straßenbahn
zur Gustav-Heinemann-Straße – mit dem Taxi

Wohin?
der Supermarkt → **zum** Supermarkt
das Hotel → **zum** Hotel
die Straße → **zur** Straße

zu + dem = zum
zu + der = zur

Wie?
der Bus → **mit dem** Bus
das Taxi → **mit dem** Taxi
die U-Bahn → **mit der** U-Bahn
⚠ zu Fuß

D1 65-68

A5 Wohin möchten die Leute? Wie kommen sie dorthin? Hören Sie und ergänzen Sie.

	Wohin?	Wie?
a	*zum Karolinenplatz*	*mit ...*
b		
c		
d		

A6 Wohin möchten Sie? Wie kommen Sie dorthin? Fragen Sie und antworten Sie.

a Schreiben Sie Wohin- und Wie-Kärtchen.

Bahnhof	*Bus*
Bäckerei	*Fahrrad*
Arzt Dr. Wulff	*U-Bahn*

b Legen Sie die Kärtchen auf den Tisch. Nehmen Sie eine Wohin-Karte.
Ihre Partnerin / Ihr Partner nimmt eine Wie-Karte.

Wie komme ich zum Bahnhof?

Du musst mit dem Bus fahren.

Schon fertig?
Rätsel: Wohin fährst du?
Erklären Sie Ihrer Partnerin / Ihrem Partner den Weg. Sie/Er rät den Ort.
Beispiel: Du bist in der Sprachschule. Du fährst mit dem Bus zum Marktplatz. Dann ...
Wo bist du jetzt?

B Da! **An der Ampel** links.

CD 1 69

B1 Hören Sie noch einmal und variieren Sie.

▲ Die Gustav-Heinemann-Straße? Kennst du die?
■ Die ist gleich hier: Da! An der Ampel links.
▲ Vielen Dank.

Varianten:
am Kindergarten • am Kino • am Krankenhaus • an der Post

	Wo?
der Kindergarten →	**am** Kindergarten
das Kino →	**am** Kino
die Ampel →	**an der** Ampel

an + dem = **am**
ebenso:
in + dem = **im**

B2 Sehen Sie das Bild an und ordnen Sie zu.

1 Die Bank ist
2 Das Auto steht
3 Der Bus steht
4 Das Flugzeug ist
5 Die Kinder sind
6 Der LKW steht
7 Das Hotel ist
8 Die Post liegt
9 Die U-Bahn fährt

a an der Bushaltestelle.
b auf dem Parkplatz.
c hinter der Post.
d in der Schule.
e neben der Post.
f über der Stadt.
g unter den Häusern.
h vor dem Krankenhaus.
i zwischen der Bank und der Apotheke.

Wo?
an
auf
hinter
in
neben
über
unter
vor
zwischen

dem Parkplatz
dem Kino
der Schule
den Häuser**n**

B3 Sehen Sie das Bild aus B2 an. Fragen Sie und antworten Sie.

Wo ist der Parkplatz?

Neben dem Restaurant „Adler".

B4 Rätsel: Fragen Sie und antworten Sie.

◆ Ich bin in C. Wo bin ich?
■ Du bist neben dem Baum.
◆ Nein.
■ Du bist vor …

C1 Sabine ist nicht da. Wo ist sie? Ordnen Sie zu.

in Köln • ~~beim Arzt~~ • in der Bücherei • im Supermarkt

▲ Ist Sabine da?
● Nein. Meine Mutter ist nicht zu Hause. Sie ist …

1 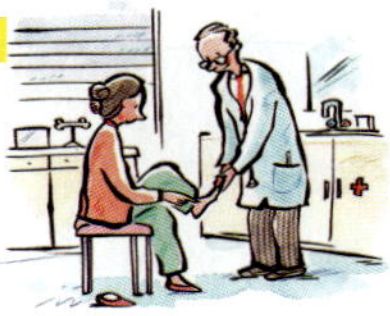

beim Arzt

2 

……………………

3 

bei einer Freundin

……………………

4 

……………………

Wo? ●

Person:	**beim** Arzt / **bei der** Freundin / **bei** Oma	bei + dem = **beim**
Geschäft/Ort:	**im** Supermarkt / **im** Theater / **in der** Bücherei …	
Land/Stadt:	**in** Österreich/Wien …	
	⚠ **in der** Schweiz/Türkei	
	zu Hause	

D1 70

C2 Hören Sie und variieren Sie.

▲ Ist Michi nicht da?
● Nein, tut mir leid. Er ist noch beim Zahnarzt.

Varianten:
das Schwimmbad • die Nachbarin • die Schule • Anna • die Bücherei

C3 Vorschläge: Ordnen Sie zu.

a Ich möchte in die Schweiz fliegen.
b Wollen wir am Samstag nach Nürnberg fahren?
c Ich glaube, ich muss mal wieder zum Zahnarzt.
d Ich möchte mal wieder ins Kino gehen.
e Warte, ich muss noch zur Bank gehen.

Gern. Dort gibt es eine tolle Fußgängerzone. Wir können einkaufen gehen.
Gute Idee. Wir haben schon lange keinen Film mehr angesehen.
Das ist zu teuer. Am besten fährst du mit dem Zug.
Okay, aber mach schnell. Der Film beginnt gleich.
Warum? Hast du Schmerzen?

Wohin? ⟶

Person:	**zum** Arzt / **zur** Freundin / **zu** Oma
Geschäft/Ort:	**zum** Supermarkt / **zur** Bank / …
„Haus“:	**ins** Kino
Land/Stadt:	**nach** Deutschland/Nürnberg …
	⚠ **in die** Schweiz/Türkei
	nach Hause

C4 Fragen Sie und antworten Sie.

▲ Wohin fährt der Bus?
● Zur Verdistraße.

U-Bahn • Zug • Taxi • Bus • dein Vater • deine Schwester • der Nachbar • …

Düsseldorf • Verdistraße • Filmmuseum • Arbeit • Österreich • Tante Christine • Post • …

Sie ist **beim Arzt.**

C5 **Ein Tag im Leben von Herrn Roth. Ergänzen Sie.**

1

Am Morgen fährt Herr Roth .... Neuss.

2

Er hat um neun Uhr einen Termin .... Friseur.

3

Dann geht er .... Post.

4

Am Nachmittag geht er .... Frau Brückner.

5

Sie gehen zusammen .... Café.

6

Später kauft Herr Roth noch .... Supermarkt ein.

7

Am Abend fährt er wieder .... Hause.

8

Er ist sehr müde und schläft *im*.......... Sessel ein.

9

Heute geht Herr Roth sehr spät .... Bett.

C6 **Ein Tag im Leben von ... Wählen Sie eine Person aus und schreiben Sie über ihren Tag. Die anderen raten: Wer ist das?**

Schon fertig?
Ein Tag in Ihrem Leben.
Heute haben Sie frei.
Schreiben Sie.

A

B

C

Meine Person schläft lange.
Sie arbeitet in der Nacht.
Dann fährt sie ...
...
Wer ist das?

D1 Wo finden Sie diese Pläne? Ordnen Sie zu.

A

B

Flüge von Frankfurt nach Accra

Flug	Abflug	Ankunft	Info	Flugzeugtyp	Wochentage
LH 0564	10:45	16:50		Airbus Industrie A340-300	Mi Do Sa So
LH 0564	10:50	16:55		Airbus Industrie A340-300	Di

C

Bahnhof / Haltestelle	Datum	Zeit	Gleis
Ulm Hbf	31.07.	ab 10:05	1
Stuttgart Hbf	31.07.	an 11:06	9
Stuttgart Hbf	31.07.	ab 11:27	8
Mannheim Hbf	31.07.	an 12:05	3
Dauer: 2:00; fährt täglich			

D

Haltestellen			
Marienburg Südpark	20:23	20:38	20:53
Marienburger Str.	20:24	20:39	20:54
Goltsteinstr./Gürtel	20:25	20:40	20:55
Tacitusstr.	20:27	20:42	20:57
Koblenzer Str.	20:28	20:43	20:58
Bonntor	20:29	20:44	20:59
Alteburger Wall	20:30	20:45	21:00
Rolandstr.	20:31	20:46	21:01
Chlodwigplatz	20:33	20:48	21:03

☐ Am Flughafen. ☐ Am Bahnhof. ☐ An der Bushaltestelle. ☐ Am Flughafen oder im Reisebüro.

D2 Welche Informationen finden Sie in D1? Kreuzen Sie an.

- **A** ☒ Wann kommt das Flugzeug an? ☐ Wann fliegt das Flugzeug ab?
- **B** ☐ Welche Flugnummer ist es? ☐ Hat das Flugzeug Verspätung?
- **C** ☐ Wo muss man umsteigen? ☐ Was kostet eine Fahrkarte für Jugendliche?
- **D** ☐ Ist der Bus pünktlich? ☐ Wie oft fährt der Bus?

D3 Lesen Sie die Pläne aus D1 und notieren Sie Informationen.

A Ein Freund kommt aus Berlin zurück. Sie holen ihn vom Flughafen ab.

Ankunft: 17.35

Flugnummer:

B Sie möchten am Mittwoch nach Accra fliegen.

Abflug: **Ankunft:**

Flugnummer:

C Sie fahren von Ulm nach Mannheim.

Abfahrt: **Ankunft:**

Umsteigen in:

D Sie sind in der Koblenzer Straße und müssen um 21 Uhr am Chlodwigplatz sein.

Abfahrt: **Ankunft:**

D1 71

D4 Richtig oder falsch? Hören Sie die Durchsagen und kreuzen Sie an.

		richtig	falsch
a	Zwischen Kieferngarten und Garching-Hochbrück muss man mit dem Bus fahren.	☒	☐
b	Die Leute sollen aussteigen.	☐	☐
c	Herr Filiz soll zum Ausgang D 23 kommen.	☐	☐
d	Frau Wagner soll ihr Ticket am Schalter 3 abholen.	☐	☐
e	Herr Brunner soll sein Gepäck abholen.	☐	☐

Auskunft am Bahnhof

CD 1 72

E1 Hören Sie, lesen Sie und ordnen Sie zu.

A

B

C

D

1 ● Wo ist hier die nächste U-Bahn-Station?
◆ Da vorne.

2 ● Bitte, wo ist hier der Eingang?
▲ Da drüben.

3 ▲ Wo kann ich eine Fahrkarte kaufen?
● Da hinten, am Fahrkartenautomat oder am Kiosk.

4 ■ Gibt es hier am Bahnhof einen Imbiss?
▲ Ja, da oben, nur die Treppe hinauf.

Gespräch	1	2	3	4
Bild	A			

oben

vorne  hinten

unten

E2 Was antworten die Leute? Sprechen Sie.

a Gibt es hier in der Nähe einen Fahrkartenautomaten?

b Wo ist bitte die Toilette?

c Wo fährt die U5 ab, bitte?

d Entschuldigung, wo ist Gleis 18?

CD 1 73

E3 Information am Bahnhof. Welche Antwort ist richtig? Ordnen Sie zu. Hören Sie dann und vergleichen Sie.

a Entschuldigen Sie, ich brauche eine Auskunft. Wann geht der nächste Zug nach Dresden?
b Auf welchem Gleis fährt der Zug ab?
c Wo ist der Fahrkartenautomat?
d Muss ich umsteigen?
e Eine Fahrkarte nach Salzburg, bitte.
f Eine Frage: Gibt es in Stuttgart einen Anschluss nach Ulm?

Ja. Sie haben Anschluss um 10.30 Uhr mit dem RE 1563.
Er ist direkt am Bahnsteig.
Auf Gleis 17.
Einfach oder hin und zurück?
Um 16 Uhr 17.
Ja, in Leipzig.

E4 Sehen Sie die Kärtchen an. Was können Sie sagen?

Am Bahnhof	Am Bahnhof	Am Bahnhof	Am Bahnhof
Fahrkarte		Zug	

Wo kann ich Fahrkarten kaufen?

Ich brauche eine Fahrkarte nach Mannheim.

Grammatik

1 Die Präposition *mit* + Dativ

		maskulin der → **dem**	neutral das → **dem**	feminin die → **der**	Plural die → **den**
Ich fahre …	**mit**	**dem** Zug	**dem** Auto	**der** U-Bahn	**den** Kindern

→ ÜG, 6.04

2 Dativ: lokale Präpositionen auf die Frage „Wo?"

		maskulin	neutral	feminin	Plural
Wo ist Herr Müller? Er ist …	**vor**	**dem** Parkplatz	**dem** Haus	**der** Schule	**den** Häusern

Ebenso: *an, auf, bei, hinter, in, neben, über, unter, zwischen*

⚠ an + dem = **am**
bei + dem = **beim**
in + dem = **im**

→ ÜG, 6.02, 6.03

3 Lokale Präpositionen auf die Frage „Wohin?"

Wohin ist Sabine gefahren? **Zum** Arzt. / **Zur** Post.
Nach Berlin/Italien.
⚠ **In die** Schweiz.

⚠ zu + dem = **zum**
zu + der = **zur**

→ ÜG, 6.02, 6.03

Wichtige Wendungen

Orientierung: Wo ist …?

Wo ist der Kiosk?	Gehen Sie geradeaus / nach links/rechts. Da drüben. / Da vorne. / Da hinten. / Da oben. / Da unten.
Wo gibt es hier Brot?	In der Bäckerei Schmidt.
Wie weit ist es zum Goetheplatz?	
Kann ich zu Fuß gehen?	Nein, Sie müssen mit der U-Bahn fahren.

Am Schalter: Ich brauche eine Auskunft / eine Fahrkarte.

Ich brauche eine Auskunft.	
Wann geht der nächste Zug nach …?	Um …
Auf welchem Gleis fährt der Zug ab?	Auf Gleis …
Wann komme ich / kommt der Zug an?	Um …
(Wo) muss ich umsteigen?	Sie müssen in … umsteigen. Sie haben Anschluss mit dem RE 1563.
Was kostet eine Fahrkarte / ein Flugticket nach …?	
Eine Fahrkarte / Ein Ticket nach Salzburg, bitte.	Einfach oder hin und zurück?
Einfach. / Hin und zurück.	

Sie geh'n da vorne links an diesem Kiosk vorbei.
Und dann geh'n Sie immer weiter bis zu einer Bäckere

Entschuldigen Sie? ... Darf ich Sie was fragen?
Ich bin fremd in dieser Stadt. Bitte können Sie mir sagen:
Wie komm' ich denn von hier zur Universität?
Ich hab' einen Termin dort und ich bin schon viel zu spät.
Fahr' ich mit der U-Bahn, mit der S-Bahn, mit dem Bus?
Oder ist es nicht so weit?
Dann gehe ich zu Fuß.

Und da oben bei der Apotheke dann geradeaus.
Und dann geh'n Sie immer weiter, bis es nicht mehr weitergeht.
Dann sind Sie in der Nähe von der Universität.

Neben dem Geschäft muss auch 'ne Buchhandlung sein.
Und hinter der geht rechts ein kleiner Weg hinein.
Aber Achtung! Dieser Weg ist wirklich ziemlich schmal.
Und ich glaub', es ist am besten, Sie fragen dort noch mal.

Entschuldigen Sie? ... Darf ich Sie was fragen?
Ich bin fremd in dieser Stadt. Bitte können Sie mir sagen:
Wie komm' ich denn von hier zur Universität?
Ich hab einen Termin dort und ich bin schon viel zu spät.
Fahr' ich mit der U-Bahn, mit der S-Bahn, mit dem Bus?
Oder ist es nicht so weit?
Dann gehe ich zu Fuß.

Da hinten? Da vorne? ... Danke! Danke!
Links und rechts und ... Danke! Danke!
Da oben? Da unten? ... Danke! Danke!
Geradeaus? ... Das ist wirklich sehr nett!

Zur Universität? ... Aha-aha-aha ...
Zur Universität, seh'n Sie mal, da geh'n Sie da ...
Hinter diesem Parkplatz rechts die Treppe hinauf.

1 74 **1** **Sehen Sie die Bilder an. Hören Sie das Lied und lesen Sie dazu den Text.**

Wo ist was? Ergänzen Sie.

Buchhandlung ☐ Kiosk 1 Bäckerei ☐
Parkplatz ☐ Universität ☐ Apotheke ☐

1 74 **2** **Hören Sie noch einmal und singen Sie den Refrain mit.**

12 Kundenservice

FOLGE 12: *SUPER SERVICE!*

1 **Sehen Sie die Fotos an. Was meinen Sie? Kreuzen Sie an.**

- **a** ☐ Niko möchte eine Waschmaschine kaufen.
- **b** ☐ Nikos Waschmaschine funktioniert nicht.

2 **Zeigen Sie.**

eine Gebrauchsanweisung • einen Stecker • eine Steckdose

CD 2 2-9 **3** **Sehen Sie die Fotos an und hören Sie.**

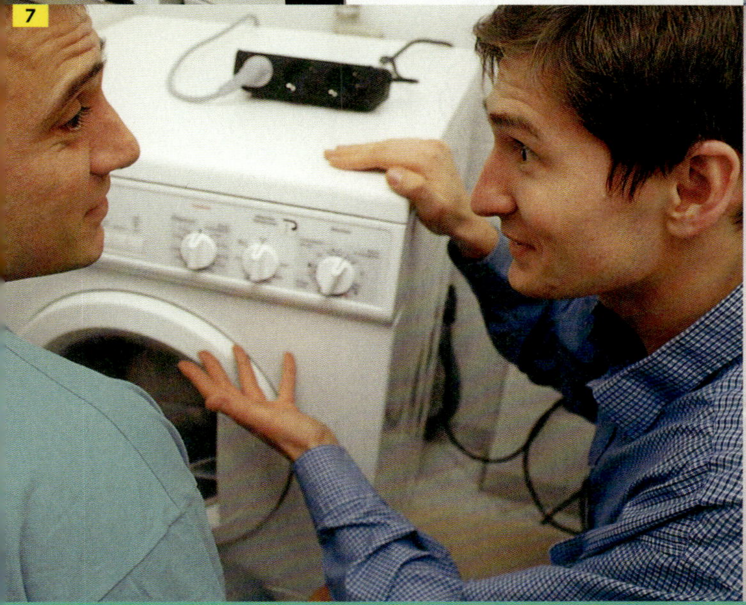

4 Was ist richtig? Kreuzen Sie an.

		richtig	falsch
a	Niko denkt, seine Waschmaschine ist kaputt.	☒	☐
b	Die Firma „Easy-Wash" repariert Nikos Waschmaschine.	☐	☐
c	Niko hat etwas vergessen: den Stecker.	☐	☐
d	Sara findet das Problem.	☐	☐

5 Ergänzen Sie die Namen.

...Niko... hat eine Waschmaschine gekauft. Aber die Maschine funktioniert nicht.
Er ruft bei „Easy-Wash" an. Aber er bekommt keine Hilfe. .... und .... kommen.
Sie sehen sich die Maschine genau an. .... sieht: Das Licht an der Maschine ist nicht an.
Sie steckt den Stecker in die Steckdose. Und die Maschine funktioniert.

A Gleich **nach der Arbeit** komme ich vorbei.

A1 Ergänzen Sie.

vor • nach • bei

Wann?

vor	**dem** Sport
nach	**dem** Training
bei	**der** Arbeit
	den Hausaufgaben
⚠ **beim**	Sport/Training

a Das ist Bruno .... der Arbeit.

b Das ist Bruno .... der Arbeit.

c Das ist Bruno .... der Arbeit.

CD 2 10

A2 Schulausflug nach Salzburg

a Hören Sie und ordnen Sie zu.

Klasse 11 b
Ausflug nach Salzburg
(12.7.–16.7)
Programm
Montag 12.7.

Wann?	**Was?**
Bei ... Frühstück	Konzertkarten für den Abend bekommen
Nach ... Frühstück	wieder ins Hotel fahren
Nach ... Stadtrundfahrt	eine Stadtrundfahrt mit dem Bus machen
Bei ... Mittagessen	ins Konzert gehen
Nach ... Mittagessen	einen Stadtplan von Salzburg bekommen
Nach ... Ausflug	zwei Stunden Freizeit haben
Nach ... Abendessen	einen Ausflug machen
Nach ... Konzert	einen Spaziergang durch die Innenstadt machen

b Sprechen Sie.

Beim Frühstück bekommen sie den ...

A3 Mein Tag: Fragen Sie Ihre Partnerin / Ihren Partner.

■ Wann machen Sie / machst du Hausaufgaben?

◆ Vor dem Abendessen.
■ Nach der Arbeit.
● Beim Abendessen.
▲ So um 5 Uhr.
▼ Am Abend.

Hausaufgaben machen | zum Training gehen | im Supermarkt einkaufen | Zeitung lesen | Fußball spielen | in den Park gehen | fernsehen | für den Kurs lernen | die Wohnung aufräumen

Schon fertig?
Ihr Tag! Schreiben Sie 5 Sätze.
Ein Satz stimmt nicht.
Ihre Partnerin / Ihr Partner rät.

2 11 **B1** **Hören Sie noch einmal: Wann soll Niko wieder anrufen?**

☐ Heute, nach 16 Uhr. ☐ Morgen, ab 8 Uhr.

2 12 **B2** **Was hören Sie? Kreuzen Sie an.**

a Wann soll Frau Klaner wieder anrufen?
☐ In einer Stunde.
☐ Morgen.

b Wie lange kann Herr Sixt anrufen?
☐ Den ganzen Tag.
☐ Bis achtzehn Uhr.

c Ab wann kann man am Morgen anrufen?
☐ Ab achtzehn Uhr.
☐ Ab acht Uhr.

2 13 **B3** **Hören Sie und variieren Sie.**

Wann?	in	einer Stunde
(Ab) wann?	ab	● ⟶ 3 Uhr
Wie lange?	bis	⟶ ● 3 Uhr

a
■ Mein Herd funktioniert nicht.
Ich brauche dringend Hilfe.
Wann kann Ihr Techniker kommen?
▼ In einer Stunde ist er bei Ihnen.

Varianten:
meine Waschmaschine – zwei Stunden
mein Computer – zwanzig Minuten
mein Radio – eine Viertelstunde

b
● Mein Drucker ist schon wieder kaputt.
▲ Oh je.
● Wie lange brauchen Sie für die Reparatur?
▲ Bis morgen.
Sie können den Drucker ab 17 Uhr abholen.

Varianten:
heute Abend – 18 Uhr
Freitag – 15 Uhr
morgen Mittag – 12 Uhr

in	einem	Monat
	einem	Jahr
	einer	Stunde
	zwei	Tagen

B4 **Ihr/e ... ist kaputt. Erklären Sie Ihr Problem am Telefon.**

Sie haben bei TV Royal einen Fernseher Marke *Rotpunkt 3000* gekauft.
Er ist 6 Monate alt und funktioniert nicht. Rufen Sie beim Kundenservice an.

● Guten Tag. Mein Name ist ...
Mein Fernseher funktioniert nicht.

◆ Aha. Was für ein Modell ist es?

● Ein ...

◆ Und wie alt ist der Fernseher?

● ... Monate. Ich habe noch Garantie.

◆ Gut. Ich kann in ... Stunden bei Ihnen sein. Sind Sie zu Hause?

● Ja, ab ...
Bis wann können Sie das Gerät reparieren?

◆ Tut mir leid. Das kann ich noch nicht sagen.

● Gut. Dann bis später.
Auf Wiederhören.

◆ Auf Wiederhören.

TV Royal
Fernseher
Rotpunkt 3000
6 Monate

PCXL
Drucker
SL 800
1 Monat

Computerland
Computer
Tosch 510
2 Wochen

Könnten Sie mir bitte helfen?

CD 2 | 14

C1 Hören Sie. Kreuzen Sie an: Wer ist freundlich ☺, wer ist unfreundlich ☹?

a Könnten Sie mir bitte helfen? Meine Waschmaschine funktioniert nicht.
☐ ☺ ☐ ☹

b Mein Computer ist kaputt. Würden Sie bitte den Techniker schicken?
☐ ☺ ☐ ☹

c Das Faxgerät ist kaputt. Schicken Sie den Techniker!
☐ ☺ ☐ ☹

☹
Helfen Sie mir!
☺
Könnten Sie mir bitte helfen?
Würden Sie mir bitte helfen?

Könnten	Sie	mir bitte helfen?
Könntest	du	
Würden	Sie	
Würdest	du	

C2 Was sagt der Chef? Was antwortet die Sekretärin? Spielen Sie Gespräche.

~~bitte heute noch die Rechnung hier~~ bezahlen • bitte gleich bei „Söhnke & Co" anrufen • den Brief hier bitte heute noch schreiben • bitte Briefmarken, Bleistifte und Papier kaufen • bitte einen Flug buchen • bitte gleich Kaffee kochen • bitte das Schreiben hier verschicken • mir bitte Feuer geben • ...

■ Könnten Sie / Würden Sie bitte heute noch die Rechnung hier bezahlen?
◆ Natürlich. / Ja, gern. / Nein, das geht leider gerade nicht. Ich muss erst ...

C3 Sehen Sie die Bilder an. Was sagt die Frau? Ergänzen Sie.

A Entschuldigung, Herr Ober, hier ist es sehr warm. Eine Bitte: Könnten Sie ...?

B Entschuldigung Herr Ober, jetzt ist es aber sehr laut. Könnten Sie bitte ...?

C Hier ist es aber dunkel. Könnten Sie bitte das Licht ...?

D Das Licht brauche ich nicht mehr. Könnten Sie es bitte ...?

aufmachen
zumachen
anmachen
ausmachen

C4 Bitten Sie Ihre Partnerin / Ihren Partner.

■ Es ist sehr warm. | Könnten Sie / Könntest du bitte das Fenster aufmachen?
Würden Sie / Würdest du ...
◆ Ja, natürlich, sofort. / Ja, gleich.

kalt – das Fenster	warm – die Tür	dunkel – das Licht	laut – der Drucker
warm – das Fenster	kalt – die Tür	hell – das Licht	laut – der Fernseher
laut – das Radio	kalt – die Heizung	warm – die Heizung	dunkel – die Lampe

D1 Was ist das? Ordnen Sie zu.

das ~~Handy~~ • die Gebrauchsanweisung • die Rechnung • die SIM-Karte

A
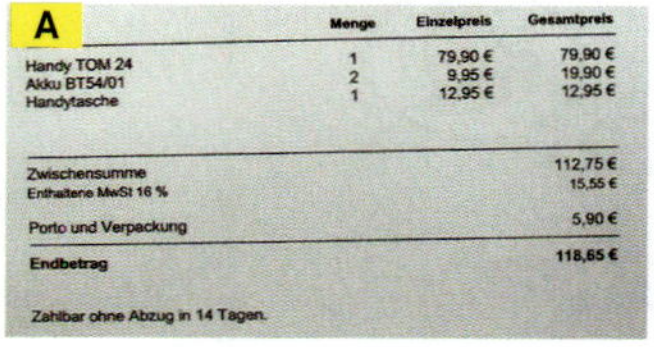

	Menge	Einzelpreis	Gesamtpreis
Handy TOM 24	1	79,90 €	79,90 €
Akku BT54/01	2	9,95 €	19,90 €
Handytasche	1	12,95 €	12,95 €
Zwischensumme			112,75 €
Enthaltene MwSt 16 %			15,55 €
Porto und Verpackung			5,90 €
Endbetrag			118,65 €

Zahlbar ohne Abzug in 14 Tagen.

....

B

das Handy

C

....

D

....

- **a** Die SIM-Karte — informiert, wie ein Gerät funktioniert.
- **b** Die Gebrauchsanweisung — informiert, was ich bezahlen muss.
- **c** Das Handy — benutzt man zum Telefonieren. Man braucht keinen festen Anschluss.
- **d** Die Rechnung — trägt Informationen, z.B. die Geheimnummer.

D2 Sehen Sie den Text an. Was ist das?

- ☐ ein Formular
- ☐ eine Gebrauchsanweisung

Kundenservice

Sie brauchen Hilfe zu Ihrem TOM-Handy? Auf unserer Homepage finden Sie die Telefonnummern vom TOM-Kundenservice. Auch in Ihrer Stadt.

Erste Schritte

SIM-Karte einlegen

1 Öffnen Sie das Handy auf der Rückseite.
2 Nehmen Sie den Akku heraus.
3 Öffnen Sie den SIM-Kartenhalter.
4 Setzen Sie die SIM-Karte ein.
5 Schließen Sie den SIM-Kartenhalter.
6 Setzen Sie den Akku ein.
7 Schließen Sie das Handy wieder.

Ein- und Ausschalten des Geräts

Drücken Sie 5 Sekunden lang die Ein-/Aus-Taste.
So schalten Sie das Handy ein oder aus.

D3 Lesen Sie den Text und bringen Sie die Bilder in die richtige Reihenfolge.

A ☐ B [3] C ☐ D ☐ E ☐ F ☐ G ☐

D4 Anruf beim TOM-Kundenservice. Hören Sie das Gespräch. Wer sagt das?

2 15

		Service-Mitarbeiterin	Kunde
a	Was kann ich für Sie tun?	☒	☐
b	Könnte ich bitte den Kundenservice sprechen?	☐	☐
c	Ja, hier sind Sie richtig.	☐	☐
d	Würden Sie mir das bitte erklären?	☐	☐
e	Sehen Sie doch mal auf Seite 7.	☐	☐
f	Nichts zu danken.	☐	☐
g	Wenn Sie noch Fragen haben, rufen Sie einfach noch mal an.	☐	☐

E Telefonansagen

CD 2 16

E1 Hören Sie fünf Ansagen vom Anrufbeantworter: Wer spricht hier?

	Ansage 1	2	3	4	5
Autovermietung					
Reparaturdienst					
Privatperson	x				
Versandhaus					

CD 2 16

E2 Hören Sie die Ansagen aus E1 noch einmal. Kreuzen Sie an.

1 Was soll der Anrufer tun?

☐ Später noch einmal anrufen.
☐ Eine andere Nummer anrufen.
☐ Eine Nachricht auf das Band sprechen.

2 Was soll der Anrufer tun?

☐ Eine Zahl sprechen.
☐ Eine Zahl wählen.
☐ Eine andere Nummer anrufen.

3 Was soll Herr Schmeller tun?

☐ Einen Preis sagen.
☐ Das Auto billiger verkaufen.
☐ Herrn Graf anrufen.

4 Was soll Frau Merz tun?

☐ Eine Waschmaschine bestellen.
☐ Ein anderes Modell nehmen.
☐ Die Nummer 5 8 0 anrufen.

5 Was soll Herr Winter tun?

☐ Ein Auto abholen.
☐ Ein Auto bestellen.
☐ Die Autovermietung sofort anrufen.

E3 Schreiben Sie eine Ansage für sich. Wählen Sie passende Sätze aus und sprechen Sie auf Band.

Bitte rufen Sie später noch einmal an.

Sie erreichen uns unter der Nummer …

Vielen Dank. Auf Wiederhören.

Guten Tag. Sie sind verbunden mit …
Leider sind wir nicht zu Hause.

Bitte sprechen Sie Ihre Nummer auf das Band. Wir rufen zurück.

E4 Sprechen Sie auf den Anrufbeantworter.

Sie haben ein neues Auto gekauft. Es ist ein Tuba SL und erst ein Jahr alt, fährt aber nicht. Sie rufen bei der Werkstatt an.

Sie haben bei Elektro-Langer einen Kühlschrank Modell Cool 2000 gekauft. Er ist zwei Wochen alt und funktioniert nicht. Rufen Sie an.

Sie möchten für Samstag 20 Uhr einen Tisch für Ihre Familie (5 Personen) im Restaurant „Zur Post" reservieren. Rufen Sie an.

Hier spricht …
Bitte rufen Sie zurück unter …
Vielen Dank und auf Wiederhören!

Schon fertig?
Schreiben Sie eine besonders lustige Ansage.

Grammatik

1 Temporale Präpositionen: *vor*, *nach*, *bei*, *in* + Dativ

	maskulin		neutral		feminin		Plural	
vor	**dem**	Kurs	**dem**	Training	**der**	Arbeit	**den**	Hausaufgaben
nach	**dem**	Kurs	**dem**	Training	**der**	Arbeit	**den**	Hausaufgaben
bei	⚠ **beim**	Sport	⚠ **beim**	Training	**der**	Arbeit	**den**	Hausaufgaben
in	ein**em**	Monat	ein**em**	Jahr	ein**er**	Stunde	zwei	Minuten

ÜG, 6.01

2 Temporale Präpositionen: *bis*, *ab*

Wie lange ...? **Bis** morgen / Montag / sieben Uhr / später.
Ab wann ...? **Ab** morgen / Montag / sieben Uhr.

ÜG, 6.01

3 Höfliche Aufforderung: Konjunktiv II

Könnten Sie mir bitte **helfen**? **Könntest** du mir bitte die Übung **erklären**?
Würden Sie mir bitte **helfen**? **Würdest** du mir bitte die Übung **erklären**?

ÜG, 5.17

Wichtige Wendungen

Beschwerde: Mein Computer ist kaputt.

Meine Waschmaschine funktioniert nicht / ist kaputt.
Ich habe noch (bis ...) Garantie.
Bis wann können Sie das Gerät reparieren?
Wie lange brauchen Sie für die Reparatur?
Wann kann Ihr Techniker kommen?
Bitte rufen Sie zurück unter ...

Hilfe anbieten und um Hilfe bitten: Könnten Sie ...?

Was kann ich für Sie tun?

Könnten Sie mir bitte helfen?
Würden Sie mir bitte helfen?
Könnte ich bitte ... sprechen?
Ich brauche dringend Hilfe.

Telefonansagen: Leider sind wir nicht zu Hause.

Leider sind wir nicht zu Hause.
Sie sind verbunden mit ...
Sie erreichen uns unter der Nummer ...
Bitte sprechen Sie auf das Band.
Wir rufen zurück.
Bitte rufen Sie später noch einmal an.

12 Mein UFO ist kaputt

„Papa repariert das wieder!“ „Mama macht das schon!“
Sind Eltern wirklich so etwas wie Super-Servicefirmen?
Sind Kinder so etwas wie Servicekunden?
Natürlich nicht. Oder doch ein bisschen?

In den deutschsprachigen Ländern gibt es heute viele Erwachsene und wenige Kinder. Das heißt: Die meisten Familien sind sehr klein und die Arbeitsteilung zwischen Erwachsenen und Kindern ist anders als früher.

MaPa-Superservice

Hallo und herzlich willkommen bei *MaPa-Superservice*!

Was können wir für Sie tun?

Aus unserem Angebot:

Taxiservice
Motivationstraining
Krankenpflege
Hausaufgabenhilfe
Finanzservice
Einkauf- und Kochservice
Reparaturen aller Art
Zimmerservice
Wäscheservice
und vieles mehr

Der 24 Stunden rund um die Uhr Service – 24

Bei uns sind Sie richtig!
Kostenlose Dienstleistungen aller Art.
Immer und überall.

1 „Mein UFO ist kaputt.“

1 Was ist der *MaPa-Superservice*?

a Wer bekommt Hilfe? Kreuzen Sie an.

- ☐ Die Eltern bekommen Hilfe von den Kindern.
- ☐ Die Kinder bekommen Hilfe von den Eltern.

b Sehen Sie die Bilder 1–8 an. Welches Kind braucht welchen Service? Was glauben Sie?

> Ich glaube Kind 3 braucht den Wäscheservice.

2 „Ich habe noch Hunger."

3 „Meine Hose ist schmutzig."

4 „Ich verstehe die Deutschaufgabe nicht."

5 „Ich muss zum Training."

6 „Mir ist so langweilig."

7 „Ich bin so unglücklich."

8 „Ich habe kein Geld mehr."

A Könntest du mir bitte helfen?

B Würdest du mich bitte zum Sportplatz fahren/bringen?

C Könntest du sie bitte waschen?

D Könntest du es bitte reparieren?

E Könnte ich bitte noch mal Spaghetti mit Tomatensauce bekommen?

F Könntest du sie mir bitte erklären?

G Könntest du mir bitte sagen, was ich machen soll?

H Würdest du mir bis nächste Woche 20 Euro leihen?

Und das sagen die ‚Kunden' über MaPa-Super-Service:

„Der Service ist manchmal nicht so toll."
„Das Essen schmeckt nicht immer."
„Meistens ist es schon okay."
„Na ja, es geht so."
„Also, ich finde es super!"

2 Ordnen Sie die Bitten A–H den Aussagen der Kinder zu.

Aussage	1	2	3	4	5	6	7	8
Bitte	D						A	

3 Wie ist es denn bei Ihnen? Haben Sie zu Hause auch so einen *MaPa-Service*? Oder ist bei Ihnen alles ganz anders? Sprechen Sie im Kurs.

In meiner Familie ist es anders. Meine Tochter ist 14. Sie kocht am Wochenende für die Familie.

13 Neue Kleider

FOLGE 13: *EINS, ZWEI, DREI ... ALLES NEU!*

1 **Zeigen Sie.**

eine Jacke • eine Hose • ein Hemd • einen Pullover • Schuhe • ein T-Shirt • einen Gürtel

2 **Sehen Sie die Fotos an. Was meinen Sie?**

a Was kauft Niko?

b Warum ist Niko nicht zufrieden?

CD 2 17-24 **3** **Sehen Sie die Fotos an und hören Sie.**

4 **Ergänzen Sie.**

Jacke • Pullover • Hose • Schuhe • Hemd

Sabine und Niko sind in einem Kleidergeschäft. Sie kaufen Kleidung für Niko. Niko kauft eine .... , ein .... und einen .... Das ist teuer. Mehr will Niko nicht kaufen. Aber was sagt Sabine? Oh je, jetzt soll er auch noch eine .... und .... kaufen!

5 **Was ist richtig? Kreuzen Sie an.**

a ☐ Sabine ist geschieden und hat einen Sohn. Er heißt Mike. Heute ist Mike bei seinem Vater. Sabine ruft Kurt (Mikes Vater) an. Sie sagt, sie kann erst um fünf Uhr kommen und Mike holen.

b ☐ Sabine ruft in der Arztpraxis an und spricht mit ihrem Chef. Sie sagt, sie kann erst um fünf Uhr zur Arbeit kommen. Am Nachmittag muss sie bei ihrem Sohn Mike bleiben.

A Oh, sieh mal, **die Hose**! **Die** ist toll!

CD 2 25 **A1** **Hören Sie und ergänzen Sie.**

das Hemd • die ~~Hose~~ • der Mantel • der Pullover • die Jacke

....

....

....

die Hose..............................

die Bluse

das Kleid

....

die Schuhe

CD 2 26 **A2** **Hören Sie und variieren Sie.**

a

- ● Sieh mal, der Rock!
- ■ Der ist super! ☺
- ● Und das Kleid?
- ■ Das ist sehr schön. ☺

Varianten:
Bluse ☺ – Mantel ☹ •
Hose ☹ – Hemd ☹

b

- ▲ Wie findest du den Mantel?
- ◆ Den finde ich langweilig! ☹
- ▲ Und den Rock?
- ◆ Den finde ich toll. ☺

Varianten:
Bluse ☺ – Jacke ☺ •
Kleid ☺ – Pullover ☹

☺	☹
sehr schön	hässlich
super	langweilig
toll	nicht (so) schön
klasse	
sehr günstig	zu teuer

der Rock → **Der** | ist schön.
das Kleid → **Das** |
die Bluse → **Die** |
die Schuhe → **Die** sind schön.

den Mantel → **Den** | finde ich günstig.
das Hemd → **Das** |
die Hose → **Die** |
die Schuhe → **Die** |

A3 **Im Kurs: Sehen Sie Prospekte an und sprechen Sie.**

- ● Die Bluse hier ist schön!
- ▲ Ja, die ist super und auch sehr günstig!
- ● Und wie findest du die Hose?
- ▲ Die finde ich nicht so gut.
- ● Ich auch nicht. Und wie findest du …?
- ▲ …

Der Mantel / Das Hemd / Die … ist günstig/hässlich.
Ja, der/das/die ist … / Ja, stimmt.
Nein, der/das/die ist …
Und wie findest du den … / das … / die …?
Den/Das/Die finde ich ☺ / ☹.
Ich auch (nicht).
Ich nicht.

B1 Verbinden Sie die Sätze.

a Die Hose gefällt mir! Und dir?
b Sieh mal, das Hemd!
c Gefallen Ihnen die Jacken?
d Gefällt Ihnen der Pullover nicht?

Doch, der gefällt mir gut, aber er ist zu kurz.
Ich weiß nicht ...
Nein, die gefallen mir nicht so gut.
Schön, das gefällt mir.

gefallen = schön/gut finden

Die Bluse	gefällt	**mir.**
Die Jacken	gefallen	**dir.**
		ihm/ihr.
		uns.
		euch.
		ihnen/Ihnen.

2 27

B2 Hören Sie und variieren Sie.

● Und? Wie gefällt Michael das Hemd?
▲ Sehr gut, danke.
● Und die Größe? Passt ihm das Hemd?
▲ Ja, Mutti, die Größe ist genau richtig.

Varianten:
Marie – Kleid – ihr ● Jan – Hose – ihm ●
Luisa – Jacke – ihr ● Wuffi – Pullover – ihm

passen = die Größe ist richtig

B3 Schreiben Sie und sprechen Sie dann in der Gruppe.

Das gefällt mir in Deutschland. ☺	Das gefällt mir nicht so gut. ☹
meine Arbeit	*das Wetter*

das Wetter ● der Deutschkurs ● meine Wohnung ● die Arbeit ● die Geschäfte ● das Essen ● ...

■ Was gefällt Ihnen in Deutschland?
◆ Mir gefällt meine Arbeit und das Essen schmeckt mir.

Der Kaffee / Das Essen **schmeckt** mir (nicht) gut.

Was gefällt dir/Ihnen in Deutschland? ***Mir gefällt ...***
Mir auch. / Mir nicht.
Was gefällt dir/Ihnen in Deutschland nicht so gut? ***Mir gefällt ... nicht so gut.***
Mir schon. / Mir auch nicht.

B4 Sprechen Sie: Wem gehört was?

■ Christos, gehört die Brille dir?
◆ Nein, die gehört mir nicht.
■ Herr Jelinek, gehört die Brille Ihnen?
● Ja, richtig.
Semin, gehört der Kugelschreiber dir?

Die Brille **gehört** mir nicht. = Das ist nicht meine Brille.

C Mit Hemd siehst du gleich viel **besser** aus.

C1 Ergänzen Sie.

am besten • gut • ~~besser~~

a

b

c

+	++	+++
gut	besser	am besten

Niko sieht .... aus. Mit Hemd sieht er besser aus. So sieht Niko .... aus.

C2 Sehen Sie das Foto in C3 an. Was meinen Sie?

Was ist der Rekord von Christian Adam?

- ☐ Er kann am besten Geige spielen.
- ☐ Er kann am besten rückwärts Fahrrad fahren.
- ☐ Er kann am besten rückwärts Fahrrad fahren und Geige spielen.

C3 Lesen Sie und ergänzen Sie.

Weltrekord im „Fahrrad-Rückwärts-Geigen"

Diesen Rekord macht Christian Adam so schnell keiner nach! Christian Adam ist am Sonntag 113 km Fahrrad gefahren. „Na und? Fahrrad fahren ist doch nicht schwer. Das kann ich auch!", denken Sie jetzt vielleicht. Aber können Sie auch rückwärts fahren und dabei Geige spielen? Das kann Adam sicher besser und genau das hat er auch gemacht – 113 km lang.
Wer ist dieser Christian Adam?
Er ist Musiker von Beruf. In seiner Freizeit fährt er gerne Fahrrad. Noch lieber spielt er Geige. „Aber am liebsten mache ich beides zusammen: Fahrrad fahren und Geige spielen", meint Adam. Das trainiert er jeden Tag: „Ich spiele viel Geige, fahre noch mehr Rad, aber am meisten trainiere ich natürlich beides zusammen." Christian Adam ist sehr zufrieden: Mit diesem interessanten und lustigen Rekord im „Fahrrad-Rückwärts-Geigen" ist er ins Guinnessbuch der Rekorde gekommen. Na dann, herzlichen Glückwunsch!

Was macht Christian Adam in seiner Freizeit …

… gern?	… lieber?	… am liebsten?
Fahrrad fahren	....	....

Was trainiert Christian Adam

… viel?	… mehr?	… am meisten?
Geige spielen	....	....

+	++	+++
gern	lieber	am liebsten
viel	mehr	am meisten

C4 Sprechen Sie in der Gruppe.

Wer ist das?
Er geht gern ins Kino.
Aber noch lieber trifft er Freunde.
Am liebsten telefoniert er mit Barbara.

Das ist Luis!

D1 Hören Sie und ergänzen Sie.

D2 28

Welches • ~~Diese~~ • ~~Welche~~ • Dieser • Dieses • Welcher

a
▲ Gefällt Ihnen die Jacke?
■ *Welche*............?
▲ *Diese*................. hier.

b
● ....
Pullover gefällt dir?
■ ....

c
● Sieh mal, das Hemd!
Das ist ja schön.
■ ....?
● .... hier.

D2 Im Fundbüro: Hören Sie und sprechen Sie.

D2 29

Welcher Pullover	gefällt dir?	Dieser.
Welches Hemd		Dieses.
Welche Jacke		Diese.
Welche Schuhe	gefallen dir?	Diese.

◆ Meine Tasche ist weg.
Ich suche meine Tasche.
■ Dann schauen Sie einmal hier.
◆ Oh wie schön, da ist sie ja!
■ Welche Tasche gehört Ihnen denn?
◆ Diese dort!

D3 Fragen Sie und antworten Sie.

■ Welchen Rock soll ich anziehen?
◆ Zieh doch diesen an.

Welchen Rock soll ich anziehen?
Zieh doch diesen an.

Welchen/Welches/Welche ... soll ich	*anziehen?*	*Zieh doch ... an.*
	kaufen?	*Kauf doch ...*
	nehmen?	*Nimm doch ...*

D4 Im Kurs: Schreiben Sie und fragen Sie.

Welche Musik findest du am besten?
Welchen Sport magst du am liebsten?
Welche Stadt in Deutschland findest du gut?
Welcher Film gefällt dir?
Welches Essen magst du gerne?

ich	mag
du	magst
er/sie	mag

mögen = gut finden

E1 Lesen Sie und sprechen Sie.

Familie Steinberg geht einkaufen. Wer geht wohin?

Horst sucht einen Pullover.
Er geht ins Obergeschoss. Melanie …

Horst Lukas Marie Melanie Peter

E2 Welches Bild passt? Ordnen Sie zu.

A

B

C

D

E

F

1 Haben Sie den Rock auch in Größe 128? [C]
2 Die Hose passt mir nicht. Sie ist zu klein. Ich brauche Größe 52. [ ]
3 Wo kann ich das bezahlen? [ ]
4 Entschuldigung, wo finde ich Zeitungen? [ ]
5 Welche Bluse steht mir besser? [ ]
6 Gibt es den Pullover auch in Schwarz? [ ]

E3 Was sagen Sie im Kaufhaus?

Sie haben eine Jeans und einen Pullover gefunden und möchten beides kaufen. Sie finden die Kasse nicht.

Sie haben Hosen anprobiert. Zwei Hosen gefallen Ihnen sehr gut. Sie wollen aber nur eine kaufen. Sie wissen nicht welche.

Sie möchten ein Hemd kaufen und brauchen Hilfe.

Sie haben einen Pullover in Größe S anprobiert. Der ist zu klein.

Sie haben einen Mantel anprobiert. Er ist braun. Sie mögen Blau lieber.

Sie möchten Stifte kaufen, aber Sie wissen nicht wo.

Schon fertig?

Im Kaufhaus: Was finden Sie bei „Sport“, „Kosmetik“, … Wer findet die meisten Wörter? Schreiben Sie.

Grammatik

1 Demonstrativpronomen: *der, das, die*

		Nominativ		Akkusativ	
maskulin	der Rock	**Der**	ist super.	**Den**	finde ich langweilig.
neutral	das Kleid	**Das**		**Das**	
feminin	die Bluse	**Die**		**Die**	
Plural	die Hemden	**Die**	sind super.	**Die**	

ÜG, 3.04

2 Frageartikel: *welcher?* – Demonstrativpronomen: *dieser*

	Nominativ		Akkusativ	
maskulin	Welch**er** Rock …?	Dies**er**.	Welch**en** Rock …?	Dies**en**.
neutral	Welch**es** Kleid …?	Dies**es**.	Welch**es** Kleid …?	Dies**es**.
feminin	Welch**e** Bluse …?	Dies**e**.	Welch**e** Bluse …?	Dies**e**.
Plural	Welch**e** Hemden …?	Dies**e**.	Welch**e** Hemden …?	Dies**e**.

ÜG, 3.04

3 Personalpronomen im Dativ

Nominativ	Dativ
ich	**mir**
du	**dir**
er/es	**ihm**
sie	**ihr**
wir	**uns**
ihr	**euch**
sie/Sie	**ihnen/Ihnen**

ÜG, 3.01

5 Komparation: *gut, gern, viel*

Positiv	Komparativ	Superlativ
+	++	+++
gut	**besser**	**am besten**
gern	**lieber**	**am liebsten**
viel	**mehr**	**am meisten**

ÜG, 4.04

6 Verb: Konjugation

	mögen
ich	**mag**
du	**magst**
er/es/sie	**mag**
wir	mögen
ihr	mögt
sie/Sie	mögen

4 Verben mit Dativ

Singular			Plural		
Der Mantel	**gefällt**	mir.	Die Mäntel	**gefallen**	mir.
Das Hemd	**gehört**	dir.	Die Hemden	**gehören**	dir.
Die Bluse	**passt**	ihm/ihm/ihr.	Die Blusen	**passen**	ihm/ihm/ihr.
Die Hose	**steht**	uns.	Die Hosen	**stehen**	uns.
Der Kuchen	**schmeckt**	euch.	Die Kuchen	**schmecken**	euch.
		ihnen/Ihnen.			ihnen/Ihnen.

ÜG, 5.21

Wichtige Wendungen

Kleidung kaufen: Haben Sie den Rock auch in Größe …?

Haben Sie den Rock auch in Größe …?
Die Hose ist zu klein / zu groß. Ich brauche Größe …
Wo kann ich das bezahlen?
Wo finde ich Damenkleidung / …?
Welche Bluse / Welcher Rock / … steht mir besser?
Gibt es den/das/die … auch in Schwarz/Blau/…?

Vorlieben: Mir gefällt …

Und?
Mir gefällt … Und dir/Ihnen?
Mir auch./Mir nicht.

Mir gefällt … nicht so gut.
Mir schon. / Mir auch nicht.

Ich finde … Und du/Sie?
Ich weiß nicht.

13 Was steht uns am besten?

1 **Geben Sie dem Mann und der Frau einen Vornamen. Geben Sie ihnen eine Haarfarbe. Machen Sie ihnen Kleider.**

Sie brauchen: ein Blatt weißes Papier, Farbstifte, eine Schere und Klebstoff.

2 **Stellen Sie „Ihren“ Mann und „Ihre“ Frau im Kurs vor.**

Das ist Benno. Benno mag am liebsten T-Shirts und Jeans. Und das ist seine Freundin Claudia. Claudia mag Blusen. Diese ist dunkelblau und steht ihr besonders gut.

Wie gefällt Ihnen Jasmins Kleid? Jasmin hat blonde Haare. Ich finde, die Farbe Rot steht ihr sehr gut.

blonde braune schwarze rote	Haare haben

3 **Sehen Sie jetzt alle Models noch einmal an. Welches gefällt Ihnen am besten? Sagen Sie auch, warum.**

Den hier finde ich super. Die Hose und das Hemd stehen ihm prima. Die Haarfarbe ist toll. Bei ihm stimmt einfach alles.

Mir gefällt das Kleid von Natascha am besten. Das finde ich sehr schön.

4 **Machen Sie jetzt den anderen Lernern Komplimente und bedanken Sie sich für Komplimente.**

● Dieses Hemd gefällt mir. Es steht Ihnen sehr gut.
▲ Oh, vielen Dank! Das ist aber nett von Ihnen.
■ Diese Hose passt Ihnen prima. Sie sehen toll damit aus.
◆ Ja? Finden Sie? Das ist schön, danke.

14 Feste

FOLGE 14: *PROST NEUJAHR!*

1 **Sehen Sie die Fotos an. Welches Fest ist das? Kreuzen Sie an.**

☐ 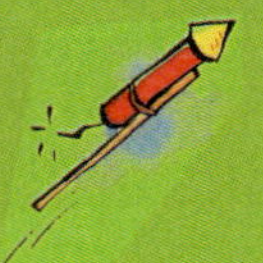
Neujahr/Silvester

☐ 
Geburtstag

☐ 
Karneval

☐ 
Weihnachten

2 **Kennen Sie „Bleigießen"? Erklären Sie.**

> Ja, das machen wir auch.

> Das ist ein Spiel.

> Man sieht: Was passiert im neuen Jahr? Ich hatte einmal …

CD 2 30-39 **3** **Sehen Sie die Fotos an und hören Sie.**

4

5

9

10

4 **Richtig oder falsch? Kreuzen Sie an.**

		richtig	falsch
a	Niko macht eine Silvesterparty.	☐	☐
b	Nikos Mutter kommt nach Deutschland.	☐	☐
c	Die Familie macht ein Spiel: Bleigießen.	☐	☐

5 **Was passiert im neuen Jahr? Was denken Sara, Mike und Bruno? Ordnen Sie zu.**

1 

2 

3 

a Sara hat einen Hasen. Sie denkt, sie bekommt einen echten Hasen. ☐
b Niko hat einen Ehering. Niko und Sabine heiraten, denkt Bruno. ☐
c Mike hat eine Eins. Er denkt, er bekommt nur gute Noten in der Schule. ☐

6 **Was meinen Sie? Was passiert im neuen Jahr? Sprechen Sie im Kurs.**

Ich glaube, Sara bekommt einen Hasen.

Nein, Sara …

Niko und Sabine …

A1 Lesen Sie und ergänzen Sie.

~~einunddreißigste~~ • vierundzwanzigste • sechste • erste • fünfte

Welcher Tag ist heute? Heute ist der *einunddreißigste* Dezember. In Deutschland feiert man Silvester. Morgen ist der .... Januar. Das neue Jahr beginnt. Heute vor einer Woche war der .... Dezember. Da feiert man in Deutschland Weihnachten. Der .... Dezember ist der Nikolaustag. Die Kinder bekommen dann zum Beispiel Schokolade und Orangen. Schon am Abend vor Nikolaus, das ist der .... Dezember, stellen viele Kinder ihre Schuhe auf.

Dezember

	49	50	51	52	1
Mo	1	8	15	22	29
Di	2	9	16	23	30
Mi	3	10	17	24	31
Do	4	11	18	**25**	1
Fr	5	12	19	**26**	2
Sa	6	13	20	27	3
So	**7**	**14**	**21**	**28**	4

1. – 19. → -te

der **erste** / zwei**te** / **dritte** / vier**te** / fünf**te** / sechs**te** / **siebte** / … Dezember

ab 20. → -ste

der zwanzig**ste** / … / einunddreißig**ste** / … Dezember

A2 Sehen Sie den Kalender aus A1 an. Fragen Sie und antworten Sie.

- ● Was für ein Wochentag ist der vierte Dezember?
- ▲ Ein Donnerstag.
- ● Und der zehnte Dezember?

CD 2 40

A3 Was ist richtig? Hören Sie und kreuzen Sie an.

a Die Hochzeit von Michael und Katrin ist
- ☐ am vierten Juni.
- ☒ am vierzehnten Juni.
- ☐ am 14. Juli.

b Stefan feiert eine Gartenparty:
- ☐ am zwanzigsten.
- ☐ am zweiundzwanzigsten.
- ☐ am dreiundzwanzigsten.

c Silvias Geburtstag ist
- ☐ am elften April.
- ☐ am zwölften April.
- ☐ am 1. April.

d Alex ist im Urlaub:
- ☐ vom 11. bis 30. August.
- ☐ vom zwölften bis zum dreißigsten September.
- ☐ vom 12. bis 30. August.

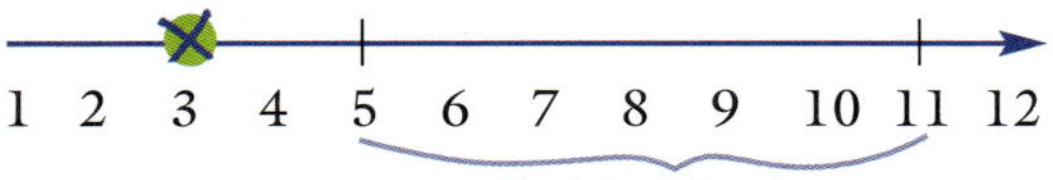

am 3. August — **vom 5. bis 11. August**

Wann?
Am elf**ten** April.
Vom zwölf**ten bis (zum)** dreißig**sten** August.

A4 Im Kurs: Machen Sie eine Geburtstags-Liste.

Wann hast du Geburtstag?

Am zehnten Januar.

Anna 10. Januar
Olga 22. März
Darek

D 2 41

B1 Hören Sie vier Gespräche und ergänzen Sie.

sie • ihn • ~~dich~~ • sie

a Na, Niko, wie ist es? Kommst du an Silvester? – Prima! – Dann lernen wir auch endlich deine Mutter kennen. Sie besucht *dich* doch über Weihnachten und Neujahr?

b Niko bringt eine Freundin mit. Ich kenne ……………… noch nicht.

c Niko bringt Sabine und Mike mit. Ich habe ……………… noch nicht gesehen, aber Niko sagt, sie sind sehr nett.

d Niko kommt auch. Wir haben ……………… eingeladen.

ich	**mich**
du	**dich**
er/es/sie	**ihn/es/sie**
wir	**uns**
ihr	**euch**
sie/Sie	**sie/Sie**

Niko kommt auch.
Wir haben **ihn** eingeladen.

B2 Lesen Sie noch einmal B1. Wer ist *dich*, …?

a dich = *du (Niko)* **b** sie = … **c** sie = … **d** ihn = …

B3 Was sagen/denken die Personen? Ergänzen Sie.

~~mich~~ • euch • dich • ihn • Sie • sie

A

Er liebt mich, er liebt *mich*… nicht. Er liebt …

B

Ich finde ………… ja so toll.

C

Liebe Mama, lieber Papa, ich besuche ………… am Wochenende …

D

Ich liebe ………… .

E

Wo ist nur die Fahrkarte? Ich habe ………… sicher zu Hause vergessen. Mist!

F

Tut mir leid, Frau Kurz. Ich habe ………… nicht gesehen. Ich hatte es eilig!

B4 Ratespiel: Sachen verstecken und wiederfinden.

- ● Zahra, hast du meinen Kugelschreiber?
- ▲ Nein. Ich habe ihn nicht. Aber frag doch mal Yasemin. Vielleicht hat sie ihn.
- ● Yasemin, hast du meinen Kugelschreiber?
- ◆ Ja. Hier bitte.

C Sie kann leider nicht kommen, **denn** ihre Schwester ist krank.

CD 2 42

C1 Ordnen Sie das Gespräch. Hören Sie dann und vergleichen Sie.

- ☐ Dann lernen wir auch endlich deine Mutter kennen.
- ☐ Sie kann leider nicht nach Deutschland kommen, denn ihre Schwester ist krank.
- ☐ Ach so, das ist aber schade.
- ☐ Oh, warum nicht?
- ☐ Nein, das klappt nicht.

Nikos Mutter kann nicht kommen. Ihre Schwester ist krank.
Nikos Mutter kann nicht kommen, **denn** ihre Schwester ist krank.

C2 Richtig oder falsch? Lesen Sie und kreuzen Sie an.

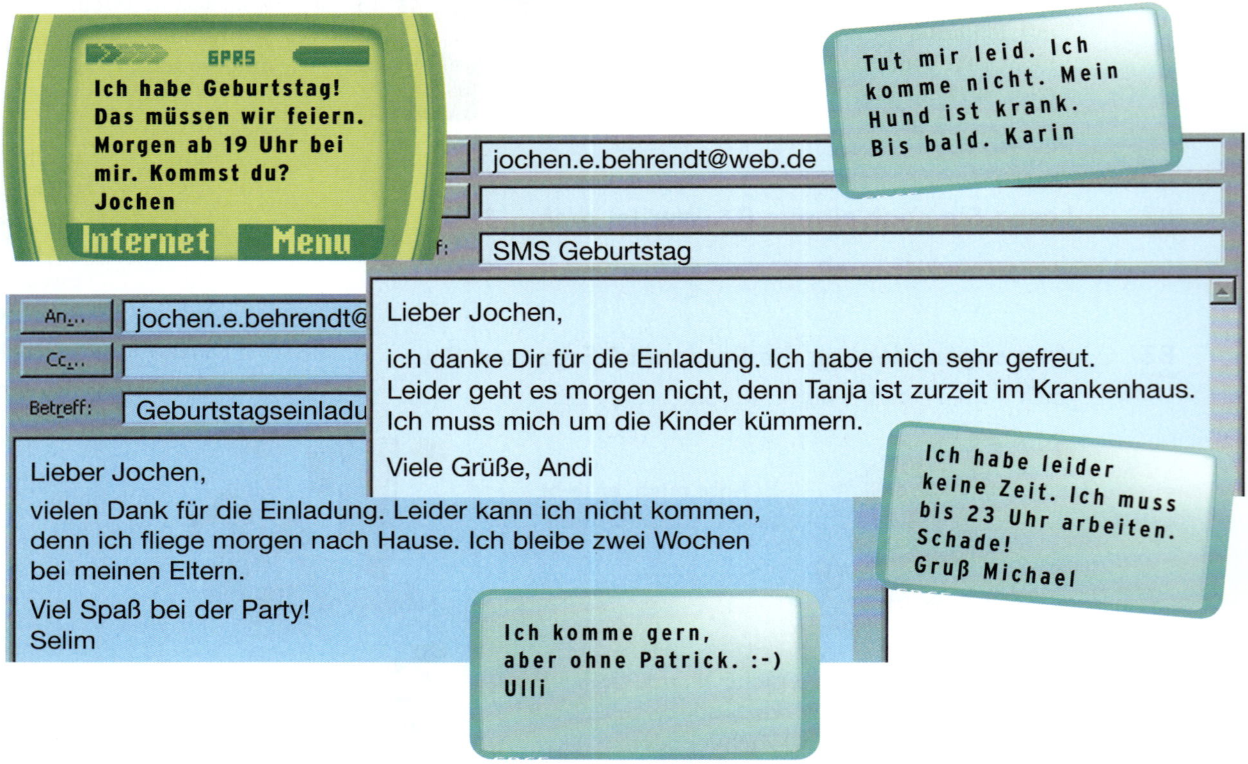

		richtig	falsch
a	Karin kommt nicht, denn ihr Hund ist krank.	☐	☐
b	Michael hat morgen keine Zeit.	☐	☐
c	Ulli hat Zeit.	☐	☐
d	Andi kann nicht kommen, denn er ist im Krankenhaus.	☐	☐
e	Selim macht zwei Wochen Urlaub in einem Hotel.	☐	☐

C3 Schreiben Sie auch eine SMS oder eine E-Mail. Warum können *Sie* nicht kommen?

Schon fertig?
Sie möchten ein Picknick machen / ins Kino gehen ... Laden Sie eine Freundin / einen Freund ein. Schreiben Sie eine SMS.

C4 Im Kurs: Sagen Sie Ihre Meinung.

Sport • Fernsehen • Fußball spielen • Lesen • Sprachen lernen • Reisen • ...

Ich spiele nicht gern Fußball, denn ich will nicht so viel laufen.

Ich mache gern Sport, denn ich will fit bleiben.

wichtig • unwichtig • interessant • langweilig • toll • super • schön • fit bleiben • Spaß machen

D1 **Lesen Sie und ordnen Sie zu.**

A

Wir heiraten!

Wann: 14. März um 14 Uhr
Wo: St.-Pauls-Kirche

Anschließend feiern wir in der Gaststätte Krone.
Wir bitten um Antwort bis zum 01. März.

Sandra Dörfler Tobias Hoffmann

B

Unbenannt - Nachricht (Rich Text)

An...: ch.keller@freeweb.org
Cc...:
Betreff: EINLADUNG !!!

Liebe Christine,

schon wieder ist ein Jahr vorbei. Am Freitag werde ich 30! Ich mache eine kleine Party im Restaurant „Gino". Kannst Du kommen?

Bis hoffentlich Freitag.
Herzliche Grüße
Lisa

C

Sportverein Mönchsroth SV
Sonnenstr. 8 · 91614 Mönchsroth · Tel. 09114/2332

Liebe Mitglieder des Sportvereins,

am 7. Juni findet wieder unser Grillfest im Sportpark statt.
Wir würden uns freuen, wenn Sie kommen.
Bringen Sie bitte Fleisch und Salate mit.
Für Getränke sorgt der Verein.

Mit freundlichen Grüßen
Gerhard Hintermayer
(1. Vorstand)

	Text
Hochzeit	
Grillfest	
Geburtstag	

ich	werde	30
du	**wirst**	
er/es/sie	**wird**	

D2 **Schreiben Sie eine Einladung.**

- Laden Sie Freunde ein.
- Nennen Sie Datum und Uhrzeit.
- Bitten Sie um Antwort.

einladen	**zu**	einer Party
	zum	Geburtstag/Grillfest
	zur	Hochzeit

Anrede → Liebe/Lieber ...

Grund → Ich habe Geburtstag. / Ich feiere meinen Geburtstag / meine Hochzeit / ...
Ich lade Sie/Dich/Euch zu/zum/zur ... ein.

Zeit → Wann: ...

Ort → Wo: ...

Frage/Bitte → Können Sie / Kannst Du kommen?
Haben Sie / Hast Du Zeit?
Bitte antworten Sie / antworte schnell / bis zum ...

Gruß → Bis bald. / Viele/Herzliche Grüße
(Dein/e / Euer/Eure / Ihr/e) ...

Schon fertig?
Beantworten Sie die Einladung von einer anderen Kursteilnehmerin / einem anderen Kursteilnehmer.

E1 Ordnen Sie zu.

- [ ] der Osterhase
- [A] die Rakete
- [ ] der Sekt
- [ ] der Weihnachtsmann
- [ ] die Ostereier
- [ ] der Weihnachtsbaum

E2 Was passt wo? Ergänzen Sie.

Weihnachten	Ostern	Silvester/Neujahr
....	*Ostereier*	....
....	....	....

E3 Sehen Sie die Karten an. Welche Texte passen wo?

	Karte
1 Frohe Ostern!	A
2 Herzlichen Glückwunsch zum Geburtstag.	☐
3 Wir gratulieren zur Hochzeit.	☐
4 Frohe Weihnachten.	☐
5 Alles Gute für Euch.	☐
6 Frohes Fest und ein gutes neues Jahr.	☐
7 Viel Glück im neuen Lebensjahr.	☐
8 Schöne Ostern!	☐

CD 2 43

E4 Hören Sie die Lieder und singen Sie mit.

Alles Gute für | **dich**.
| **euch**.

E5 Spiel: Gratulationen

a Jede/r schreibt ein Wort auf ein Schild.

Hochzeit • Weihnachten • Ostern • Geburtstag • krank • Prüfung bestanden • bald Urlaub • Führerschein gemacht • bald Prüfung • …

b Heften Sie das Schild an Ihre Jacke oder Ihren Pullover. Gehen Sie im Kursraum umher. Was sagen Sie? Die Ausdrücke unten und in E3 helfen Ihnen.

Herzlichen Glückwunsch • Frohe … • Viel Glück/Spaß/Erfolg/… • Schöne(n) … • Gute Besserung • Alles Gute • …

Grammatik

1 Ordinalzahlen: Datum

1. – 19. → -te

1. der **erste**
2. der zweite
3. der **dritte**
4. der vierte
5. der fünfte
6. der sechste
7. der **siebte**

...

Wann?
Am zweiten Mai.
Vom zweiten **bis (zum)** zwanzigsten Mai.

ab 20. → -ste

20. der zwanzigste
21. der einundzwanzigste

...

→ ÜG, 8.01

2 Personalpronomen im Akkusativ

Nominativ	Akkusativ
ich	**mich**
du	**dich**
er/es/sie	**ihn/es/sie**
wir	**uns**
ihr	**euch**
sie/Sie	**sie/Sie**

→ ÜG, 3.01

3 Konjunktion: *denn*

Nikos Mutter kann nicht kommen. Ihre Schwester ist krank.
Nikos Mutter kann nicht kommen, **denn** ihre Schwester ist krank.

→ ÜG, 10.04

4 Verb: Konjugation

	werden
ich	werde
du	**wirst**
er/es/sie	**wird**
wir	werden
ihr	werdet
sie/Sie	werden

→ ÜG, 5.16

Wichtige Wendungen

Glückwünsche: Alles Gute!

Alles Gute (zum Geburtstag / zur Hochzeit / im neuen Jahr)!
Alles Gute für dich/euch.
Viel Glück (zum Geburtstag / im neuen Jahr / im neuen Lebensjahr)!
(Ein) Gutes neues Jahr!
Frohe/Schöne Ostern!
Herzlichen Glückwunsch (zum Geburtstag / zur Hochzeit)!
Frohe Weihnachten / Frohes Fest!
Ich gratuliere (zum Geburtstag / ...).

Briefe schreiben: Liebe/Lieber ...

Liebe/Lieber ...,
Viele/Herzliche Grüße
Bis bald.
Dein/Deine ...
Euer/Eure ...
Ihr/Ihre ...

Einladen: Ich lade dich ein.

Ich habe Geburtstag und mache eine Party. Kommst du / Kommt ihr?
Am Freitag werde ich 30. Ich feiere im Restaurant „Gino".
Hast du / Habt ihr / Haben Sie Zeit?
Ich möchte dich/Sie zu meiner Hochzeit einladen.

Zu- und Absagen: Ich kann nicht kommen.

Vielen Dank für die Einladung.
Ich danke dir/Ihnen für die Einladung.
Ich komme gern.
Leider kann ich nicht kommen.
Leider habe ich keine Zeit.
Tut mir leid. Aber es geht nicht. Ich muss ...

14 Das Fest

Das Oktoberfest ist international.

Möchten Sie München besuchen, aber nicht das *Oktoberfest*? Kommen Sie bitte nicht in der dritten und vierten Septemberwoche, denn da sind in der Stadt alle Hotels besetzt. Gäste aus aller Welt wollen unbedingt zum Oktoberfest.

Dieses Reiseangebot haben wir in Italien fotografiert:

Oktoberfest oder Septemberfest?

Seit 1872 beginnt das Oktoberfest schon in der dritten Septemberwoche, denn im September ist das Wetter oft noch besser. Das Fest beginnt am Samstag nach dem 15. September und geht bis zum ersten Sonntag im Oktober. Ist der erste Oktobersonntag am 1. oder am 2. Oktober, geht das Oktoberfest bis zum 3. Oktober. Der 3. Oktober ist unser Nationalfeiertag: *Der Tag der Deutschen Einheit*.

Gehen wir *auf die Wies'n*?

In München sagt man nicht: *Ich gehe auf das Oktoberfest.* Man sagt: *Ich gehe auf die Wies'n*. Warum? Am 12. Oktober 1810 haben Prinz Ludwig von Bayern* und die Prinzessin Therese geheiratet. Am 17. Oktober haben sie auf einem Platz vor der Stadt ein Fest für alle Leute gemacht. Das war das erste *Oktoberfest*. Den Platz nennt man in München seit der Zeit *Theresienwiese* und das Fest nennt man in bayerischem Deutsch kurz: *die „Wies'n"*.

* von 1825 bis 1848 König Ludwig I. von Bayern

CD 2 44

1 Hören Sie die Informationen und ergänzen Sie.

Jedes Jahr kommen etwa .... Gäste nach München auf das Oktoberfest. Sie trinken .... Liter Bier und essen .... Brathähnchen. Auf dem Oktoberfest finden .... Menschen Arbeit. Jedes Oktoberfest bringt der Stadt, den Firmen und ihren Mitarbeitern etwa .... Euro.

2 Lesen Sie die Texte.

a Sehen Sie in einem Kalender nach und ergänzen Sie.
In diesem Jahr ist (oder war) das Oktoberfest vom .... September bis zum .... Oktober.

b Richtig oder falsch? Kreuzen Sie an.

	richtig	falsch
1 Auf das Oktoberfest kommen fast nur Gäste aus Deutschland.	☐	☐
2 Das Oktoberfest beginnt immer an einem Sonntag.	☐	☐
3 Der Nationalfeiertag von Deutschland ist am 3.10.	☐	☐
4 Das erste Oktoberfest war 1810.	☐	☐

c Was wissen Sie noch über das Oktoberfest? Erzählen Sie.

Fragebogen: Was kann ich schon?

Hören

	Das kann ich sehr gut.	Das kann ich.	Das übe ich noch.
Ich kann Fragen zu meiner Person verstehen: *Wann sind Sie nach Deutschland gekommen? Wie lange haben Sie als Mechaniker gearbeitet?*			
Ich kann Anweisungen verstehen: *Füllen Sie das Formular aus. / Unterschreiben Sie bitte hier.*			
Ich kann Ratschläge und Empfehlungen verstehen: *Mein Mann soll jeden Tag drei Tabletten nehmen. / Trink doch ein Glas Wasser!*			
Ich kann einfache Wegbeschreibungen verstehen: *Gehen Sie immer geradeaus!*			
Ich kann einfache Durchsagen am Bahnhof und am Flughafen verstehen: *Achtung, eine Durchsage ...*			
Ich kann die Informationen einer Reiseleitung verstehen: *Nach dem Mittagessen machen wir eine Stadtrundfahrt.*			
Ich kann Nachrichten auf dem Anrufbeantworter verstehen: *Hier Jansen vom KZB-Versand. Frau Meier, Sie haben eine Waschmaschine bestellt ...*			
Ich kann Telefonansagen verstehen: *Guten Tag. Sie sind verbunden mit ...*			

Lesen

Ich kann Stellenanzeigen verstehen: *Suche Taxifahrer/Taxifahrerin für Nacht und Wochenende.*			
Ich kann Anleitungen verstehen: *Öffnen Sie das Handy auf der Rückseite.*			
Ich kann in Fahrplänen wichtige Informationen suchen: *Abfahrt – Ankunft – Umsteigeort*			
Ich kann einfache Zeitungsartikel lesen: *Weltrekord im „Fahrrad-Rückwärts-Geigen“*			
Ich kann auf der Übersichtstafel in einem Kaufhaus Informationen suchen: *Erdgeschoss: Drogerie, ...*			
Ich kann Einladungen zu unterschiedlichen Anlässen verstehen: *Es ist soweit. Wir heiraten ...*			
Ich kann Zu- und Absagen verstehen: *Ich komme gern. / Leider kann ich nicht kommen, denn ...*			

Sprechen

Ich kann meinen Beruf nennen und andere nach ihrem Beruf fragen: *Ich bin Krankenschwester von Beruf. / Ich arbeite als Verkäuferin. / Was sind Sie von Beruf?*			
Ich kann über meine Ausbildung sprechen: *Ich habe Informatik studiert. / Ich habe acht Jahre als Computerspezialist gearbeitet.*			
Ich kann Zeitangaben machen: *Das war vor 15 Jahren. / Ich wohne seit drei Monaten in München. / Ich habe im Januar geheiratet. / Im Sommer war ich bei meinen Eltern auf dem Land.*			
Ich kann Informationen zu einem Stellenangebot einholen: *Ist die Stelle noch frei? / Wie lang ist meine Arbeitszeit pro Tag?*			
Ich kann über meine Pflichten sprechen: *Ich muss die Betten machen, ...*			

	Das kann ich sehr gut.	Das kann ich.	Das übe ich noch.
Ich kann Ratschläge geben: *Trink doch ein Glas Wasser.*			
Ich kann um Erklärung bitten: *Was heißt/bedeutet …? Können Sie das bitte erklären?*			
Ich kann über Schmerzen sprechen: *Ich habe Kopfschmerzen. / Mein Bauch tut weh.*			
Ich kann einen Termin vereinbaren: *Ich brauche bitte einen Termin.*			
Ich kann nach dem Weg fragen und Wege beschreiben: *Entschuldigung, ich suche den Bahnhof. / Gehen Sie die zweite Straße rechts.*			
Ich kann am Schalter Auskünfte erfragen und eine Fahrkarte kaufen: *Entschuldigung, ich brauche eine Auskunft. / Eine Fahrkarte nach Salzburg, bitte.*			
Ich kann Probleme mit Geräten beschreiben und den Kundendienst um Hilfe bitten: *Mein Handy funktioniert nicht mehr. Reparieren Sie auch Handys?*			
Ich kann höflich um etwas bitten: *Könnten Sie bitte das Fenster zumachen?*			
Ich kann eine Nachricht auf den Anrufbeantworter sprechen: *Hier spricht … Bitte rufen Sie mich zurück unter …*			
Ich kann sagen, wie mir etwas gefällt: *Die Hose finde ich nicht so schön. / Der Pullover gefällt mir nicht.*			
Ich kann sagen, was meins ist: *Diese Brille gehört mir (nicht).*			
Ich kann über meine Vorlieben sprechen: *Ich fahre nicht gern Auto. Ich fahre lieber Fahrrad.*			
Ich kann Kleidung kaufen: *Haben Sie den Rock auch in Größe …? / Die Hose passt mir nicht. Sie ist zu klein.*			
Ich kann das Datum und mein Geburtsdatum nennen: *Heute ist der 31. Dezember. / Ich habe am 10. Januar Geburtstag.*			
Ich kann Gründe nennen: *Ich mache gern Sport, denn ich will fit bleiben.*			
Ich kann Glückwünsche aussprechen: *Alles Gute zum Geburtstag!*			

Schreiben

Ich kann ein Stellengesuch schreiben: *Suche Arbeit als Taxifahrer für einen Tag in der Woche …*			
Ich kann ein Formular bei einer Behörde ausfüllen: *Name, Adresse, Ankunft …*			
Ich kann schriftlich zu- oder absagen: *Lieber …, vielen Dank für die Einladung. Ich komme …*			
Ich kann eine Einladung schreiben: *Liebe …, ich feiere meinen Geburtstag … Herzliche Grüße …*			
Ich kann eine einfache Postkarte über ein Fest schreiben: *Ich habe Silvester mit Freunden gefeiert. …*			
Ich kann eine einfache E-Mail schreiben: *Liebe Cihan, Du bist schon in Deine neue Wohnung gezogen …*			

Inhalt Arbeitsbuch

Sind Sie **Mechaniker?**

A2

1 Finden Sie noch 11 Berufe und ergänzen Sie.

~~Pro~~ • frau • Kauf • rin • fe • tin • fah • Kranken • Bus • schwes • Bauar • re • bei • Haus • ker • Ver • Schü • ter • Stu • zist • cha • frau • Leh • den • ~~gram~~ • Poli • ter • rer • ~~mierer~~ • Me • ni • käu • rin • ler

Programmierer	*Programmiererin*
....	....
....	....
....	....
....	....
....	....
....	....
....	....
....	....
....	....
....	....
....	....

A2

2 Was sind Sie von Beruf? Was ist Ihr Bruder / Ihre Schwester / Ihr Vater ... von Beruf? Suchen Sie 6 Berufe im Wörterbuch.

....
....

A4

3 Ordnen Sie zu.

a Was sind Sie von Beruf? — *(Linie zu: Mechaniker.)*
b Wo arbeiten Sie?
c Arbeiten Sie dort als Mechaniker?
d Und arbeiten Sie gern als Busfahrer?

Bei TM-Transporte.
Nein, als Busfahrer.
Ja, sehr gern.
Mechaniker.

A4

4 Ergänzen Sie.

arbeite • arbeite • ~~bin~~ • bin • von Beruf • als • als Programmierer • bei • bei • bei • Lehrer von Beruf

● Was sind Sie ....?
▲ Ich *bin* .... Sekretärin, aber jetzt .... ich als Verkäuferin.
■ Ich bin Busfahrer .... „Regiotours".
▼ Ich bin Student, aber am Wochenende .... ich .... Taxifahrer.
◆ Ich .... Programmiererin .... „Hano-Elektronik".
▌ Ich arbeite .... „Compu-AS".
Ich bin ...., aber ich arbeite jetzt ....

5 **Ergänzen Sie die Fragen.**

a ● ....
▲ Nein, ich bin Taxifahrer.

b ● ....
▲ Ich arbeite bei „Matabo".

c ● ....
▲ Ich bin Verkäuferin.

d ● ....
▲ Ich lerne Deutsch.

6 **Was machen Otto H. und Sara M.? Und Sie? Schreiben Sie.**

Otto Hermann	**Sara Marzullo**	**Ich:**
Beruf: Busfahrer	Beruf: Krankenschwester	....
jetzt: Taxifahrer	jetzt: arbeitslos	....
Firma: City Blitz		....

Otto Hermann ist ...

Schreibtraining **7** **Ich über mich. Schreiben Sie Ihren Text.**

- ■ Ihr Name?
- ■ Ihr Herkunftsland?
- ■ Ihre Hobbys?
- ■ Ihr Beruf?
- ■ Arbeiten Sie in Deutschland? (Ja: Als was? Wo? Nein: Was machen Sie?)

Mein Name ist / Ich heiße .....

....

....

....

Phonetik 3 02 **8** **Hören Sie und sprechen Sie nach.**

Lehrer – Lehrerin ● Programmierer – Programmiererin ● Verkäufer – Verkäuferin ● Schüler – Schülerin ● Partner – Partnerin

3 03 **Hören Sie noch einmal. Wo hören Sie kein *r*? Markieren Sie: Lehre<u>r</u>**

Phonetik 3 04 **9** **Hören Sie und sprechen Sie nach. Achten Sie auf *-e*, *-er*.**

Ich geh**e** in die Schul**e**. – Ich bin Schül**er**. ● Ich fahre Bus. – Ich bin Busfahr**er**. ● Das ist die Küch**e**. – Das ist das Kind**er**zimm**er**.

Phonetik 3 05 **10** **Hören Sie und ergänzen Sie *-e* oder *-er*.**

a ● Der Comput*er*.. ist nicht teu*er*.. .
▲ Ja, ab..... ich möcht..... doch einen Fernseh......

b Leid..... kann ich morgen nicht kommen. Auf Wied.....sehen, bis Donn.....stag.

c Welche Wört..... v.....stehen Sie nicht? Unt.....streichen Sie bitt......

d Mein..... Schwest...... und mein Brud..... haben kein..... Kind......

8  B

Wann sind Sie nach Deutschland gekommen? – **Vor** acht Monaten.

B1 **11** ***Seit*** **oder *vor*? Kreuzen Sie an.**

		Vor	Seit	
a	▲ Wann sind Sie nach Dresden gekommen?	☐	☐	sechs Wochen.
b	▲ Und seit wann leben Sie in Deutschland?	☐	☐	drei Jahren.
c	● Marc, seit wann hast du denn eine Freundin?	☐	☐	sechs Monaten.

B3 **12** **Ordnen Sie zu.**

a Wann sind Sie geboren?
b Wann sind Sie nach Deutschland gekommen?
c Seit wann leben Sie schon in Frankfurt?
d Arbeiten Sie?
e Wie lange sind Sie schon arbeitslos?

Vor zehn Jahren.
Leider schon seit zwei Jahren.
Nein, ich bin jetzt arbeitslos.
1970.
Seit einem Jahr.

B3 **13** **Ergänzen Sie *vor* oder *seit*.**

a ▲ Seit wann sind Sie in Wiesbaden? ● .... 2 Jahren.
b ▲ Wann haben Sie geheiratet? ● .... 10 Jahren.
c ▲ Haben Sie schon eine Arbeit gefunden? ● Ja, ... 3 Monaten.

B3 **14** **Was ist richtig? Kreuzen Sie an.**

a vor ☐ einer Woche ☐ eine Woche
b vor ☐ drei Jahren ☐ drei Jahre
c seit ☐ fünf Monate ☐ einem Monat
d seit ☐ drei Tage ☐ einem Tag

B3 **15** **Ergänzen Sie.**

▲ Hast du Martin mal wieder getroffen? ● Ja, vor .... (eine Woche)
▲ Aha. Wie lange ist er denn schon wieder hier? ● Seit .... (acht Monate) Er ist mit seiner mexikanischen Frau gekommen.
▲ Was? Seit wann ist Martin denn verheiratet? ● Seit .... (ein Jahr)
▲ Aha. Spricht seine Frau denn Deutsch? ● Nicht so gut. Sie lernt erst seit .... Deutsch. (sieben Wochen)
▲ Und warum erzählst du das erst jetzt? ● Ich weiß es ja auch erst seit .... (eine Woche)

B3 **16** **Ergänzen Sie *seit – vor – von ... bis – am – um – im*.**

a ▲ Hast du Markus getroffen? ● Ja, ...*vor*....... einer Woche.
b Miriam macht .... zwei Monaten einen Deutschkurs.
c ■ Wie lange arbeiten Sie .... Freitag? ▼ .... acht .... vierzehn Uhr.
d Ich kann .... Wochenende leider nicht kommen.
e ▲ Wie lange kennst du Paolo schon? ■ Erst .... einer Woche.
Wir haben uns genau .... Sonntag .... einer Woche bei Daniela getroffen.
f ● Wann gehst du heute einkaufen? .... Nachmittag oder .... Vormittag?
▲ .... drei Uhr. Ich möchte kurz .... fünf Uhr wieder zu Hause sein.
g ■ Wann kommen deine Eltern? ● .... Sommer.

17 Notieren Sie im Lerntagebuch.

LERNTAGEBUCH

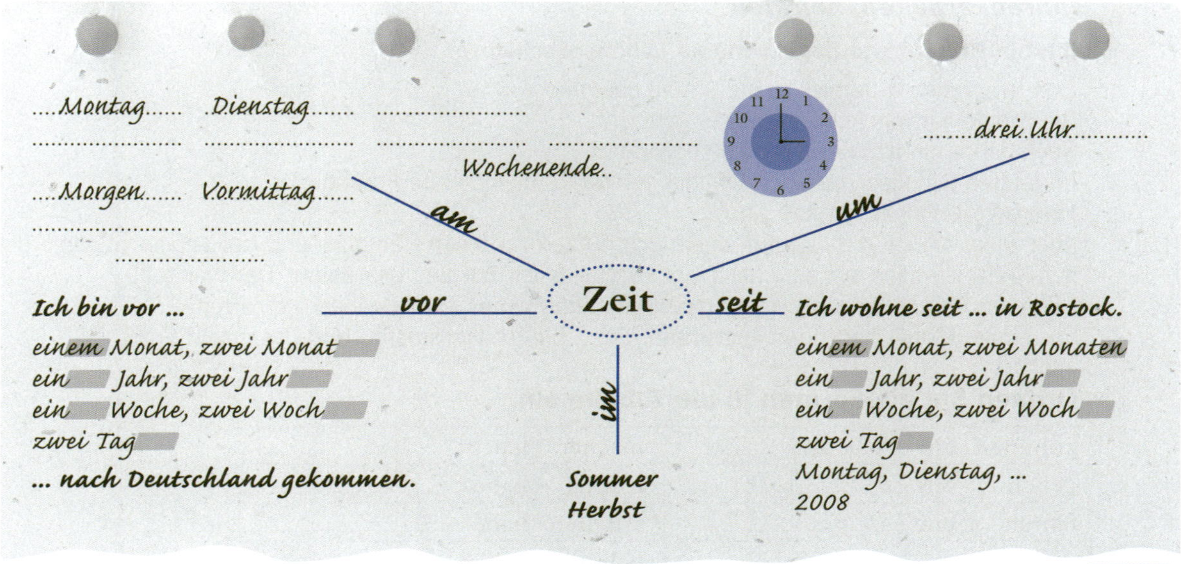

Portfolio

18 Was passt? Schreiben Sie die Fragen.

a Seit wann arbeiten Sie als Taxifahrer? • Wann haben Sie als Taxifahrer gearbeitet?

.... Vor zehn Jahren.

.... Seit 1995.

b Wie lange lernen Sie schon Deutsch? • Wie lange haben Sie Deutsch gelernt?

.... Seit drei Monaten.

.... Zwei Jahre.

c Wann bist du nach Italien gefahren? • Seit wann fährst du jedes Jahr nach Italien?

.... Seit zehn Jahren.

.... Vor zwei Monaten.

19 Jamila erzählt. Ergänzen Sie *seit* – *vor* und ordnen Sie zu.

...Vor... zwei Jahren sind wir	als Programmierer.
Mein Mann arbeitet .... acht Monaten	eine Arbeit als Krankenschwester.
.... drei Wochen haben wir	wieder einen Deutschkurs.
Ich suche .... einem Jahr	eine schöne Wohnung gefunden.
.... einer Woche mache ich	aus Pakistan gekommen.

20 Schreiben Sie.

a	geboren: 1970 – in Belgrad	Ich bin 1970 in Belgrad geboren.
b	nach Deutschland gekommen – vor zehn Jahren	Vor zehn Jahren ....
c	in Frankfurt – seit einem Jahr	Seit ....
d	fünf Jahre – Taxifahrer	Ich habe ....
e	arbeitslos – seit zwei Monaten	Seit ....

Zuerst **war** ich bei einer Firma als Mechaniker.

Wiederholung *Schritte plus 1 Lektion 7*

21 **Lesen Sie und unterstreichen Sie die Formen von *kommen*, *gefallen*, *gehen*, *treffen*, *fahren*, *arbeiten*, *heiraten*.**

Ich bin Robert und das ist meine Lebensgeschichte.
Erst mit 7 Jahren bin ich in die Schule gekommen.
Die Schule hat mir keinen Spaß ☹ gemacht.
Neun Jahre bin ich in die Schule gegangen.
Im letzten Schuljahr habe ich Claudia getroffen, meine erste Freundin.
Ich war total in sie verliebt.
Aber dann bin ich 4 Jahre auf einem Schiff zwischen Hamburg und Nord- oder Südamerika gefahren. Ich habe auf dem Schiff in verschiedenen Berufen gearbeitet. Das war toll!
Dann bin ich wieder nach Hause gekommen und habe Claudia wieder getroffen.
Vor einem Monat haben wir geheiratet. Jetzt bin ich Hausmann. Und das macht Spaß. ☺

Ordnen Sie die Formen in die Tabelle ein.

kommen	bin	*gekommen*............	machen	hat	....
gehen	bin	....	treffen	habe	....
fahren	bin	....	arbeiten	habe	....
			heiraten	haben	....

C5 Grammatik entdecken

22 **Lesen Sie und unterstreichen Sie die Formen von *haben* und *sein*.**

● Wo wart ihr denn am Samstag?
▲ Ich war zu Hause.
■ Wir waren auch zu Hause, wir hatten Besuch. Meine Eltern waren da.
◆ Ich war in der Schule. Meine Kinder hatten Schulfest.
▲ Und wo warst du? Hattest du ein schönes Wochenende?
● Na ja, es geht. Ich hatte ja Geburtstag, aber ihr wart nicht da. Das war schade!

Füllen Sie die Tabelle aus.

	sein		**haben**	
ich	bin	....	habe	....
du	bist	....	hast	....
er/es/sie	ist	*war*.................	hat	*hatte*..............
wir	sind	....	haben	....
ihr	seid	....	habt	*hattet*............
sie/Sie	sind	....	haben	....

C5

23 **Ergänzen Sie.**

a sind • ~~ist~~ • ist • bin • ~~war~~ • ~~war~~ • war • war • war • hatten • hatte • hatte

▲ Das *war*.............. meine Familie vor 30 Jahren.
Das hier *ist*................. meine Schwester, sie *war*................ da vier Jahre alt und sie .... Geburtstag. Und das .... meine Eltern. Mein Vater .... 28 Jahre alt und meine Mutter .... 25. Meine Eltern .... ein Restaurant.
● Und wer .... das?
▲ Na, das .... ich! Da .... ich sechs Jahre alt. Und ich .... einen Hund – Bello.

b ist • ist • ist • ~~sind~~ • war • war • waren • wart • hatten • habe • habe • hattet

▲ Und schau mal, das .... meine Familie heute:
Das *sind*............. meine Eltern, das .... meine Schwester,
das .... mein Bruder. Ich .... jetzt keinen Hund
mehr. Schade! Aber ich .... jetzt eine Katze. Schau, das ist Susi.
● Und wo .... ihr da?
▲ Wir .... bei Freunden an der Ostsee.
● Oh, schön! Und wie .... das Wetter? .... ihr viel Sonne?
▲ Nein, leider nicht. Das Wetter .... nicht so gut, wir .... viel Regen.

24 Ergänzen Sie.

a
▲ *Warst*.......... du auf der Party bei Timo? Ich .... nicht dort, ich .... zu viel Arbeit.
● Ich .... auch keine Zeit.

b
▼ Gestern .... wir im Theater, meine Schwester .... zwei Karten. Und du?
■ Ich .... im Kino.
▼ Und wie .... der Film?
■ Er .... wirklich sehr gut.

c
● .... du schon in Berlin?
▲ Ja, wir .... vor zwei Monaten dort. Mein Bruder lebt dort.

25 Was erzählt Mirko heute? Schreiben Sie.

Vor zwei Jahren

Ich bin jetzt in Deutschland.
Ich habe keine Arbeit – ich bin arbeitslos.
Ich habe auch keine Freunde.
Mein Bruder und meine Schwester sind schon 5 Jahre in Deutschland.
Sie haben schon eine Arbeit.
Und ich?
Ich mache einen Sprachkurs.
Dann suche ich eine Arbeit.
Dann finde ich auch Freunde.

Heute

Vor zwei Jahren bin ich nach Deutschland gekommen.
Ich hatte ...
....
....
....
....
....
Und ich?
....
....
....

D3 Projekt **26**

Stellenanzeigen lesen und verstehen

Suchen Sie interessante Anzeigen in der Zeitung und notieren Sie die Informationen. Machen Sie eine Wandzeitung.

Reinigungskraft
2 x wöchentlich à 2 Stunden
für Büro gesucht. 9,- € / Stunde
Fa. Allhaus, Tel. 07234–615402

Arbeitszeit: 4 Stunden, 2 Tage/Woche
Verdienst: 9 Euro

Gärtner/Gärtnerin gesucht
Spaß an der Pflanze, flexible Arbeitszeiten,
3 x pro Woche 2 Stunden, selbstständiges
Arbeiten, FS Kl. 3
Galakt Immobilien, Tel. 0623 / 207 43 19

Arbeitszeit: …

Familie sucht Haushaltshilfe
für Fr. u. Mo. Vorm., Ferien n.V.
T.: 04321 / 68 24

Hausmeister gesucht
auf 400,- Euro-Basis für Wohnanlage
Immobilienverwaltung Kurz
0178 / 877 66 43

Was bedeutet das? Fragen Sie.

Fa. • FS Kl. 3 • Fr. • Mo. • Vorm. • n.V. • auf 400,- Euro-Basis

D3 Prüfung CD 3 06 **27**

Hören Sie. Was ist richtig? Kreuzen Sie an.

1 Wann arbeitet Frau Sandri am Donnerstag und am Freitag?

- a ☐ Am Vormittag.
- b ☐ Am Nachmittag.
- c ☐ Am Vormittag und am Nachmittag.

2 Wann ist die Praxis geöffnet?

- a ☐ Von Montag bis Mittwoch.
- b ☐ Von Montag bis Donnerstag.
- c ☐ Von Montag bis Freitag.

3 Karin ruft ihre Mutter an.

- a ☐ Sie möchte eine Reise machen.
- b ☐ Sie möchte ihre Tochter Hanna zur Mutter bringen.
- c ☐ Sie möchte ihre Mutter einladen.

D3 **28**

Notieren Sie im Lerntagebuch. Welche Fragen (S. 17) passen für Sie? Antworten Sie mit Ihren Angaben.

LERNTAGEBUCH

Ich

Wann sind Sie geboren?	*19..*
Wo haben Sie gelebt / leben Sie?	*In …*
Wie lange sind Sie in die Schule gegangen?	*… Jahre.*
…	

Beruf

Was sind Sie von Beruf?	*Ich bin …*
Was machen Sie?	*Ich arbeite als …*
…	…

Portfolio

29 **Frau Tufaro liest die Anzeige und ruft bei der Bäckerei an. Wer sagt was? Lesen Sie und ergänzen Sie:**
Frau Tufaro (T), Bäckerei Kaiser (K).

Wir suchen ab sofort
zuverl. Putzhilfe
für Bäckerei in Weileralb
Mo–Sa 2 Stunden
Bäckerei Kaiser
Tel.: 08163 / 2221

(.......) Gut. Wann kann ich mal zu Ihnen kommen?
(..*K*...) Bäckerei Kaiser, guten Tag.
(.......) Guten Tag. Mein Name ist Tufaro. Ich habe Ihre Anzeige gelesen.
(.......) Aha, für 2 Stunden. Und wie ist die Arbeitszeit?
(.......) 10 Euro.
(.......) Sie suchen eine Putzhilfe. Ist die Stelle noch frei?
(.......) Kommen Sie doch morgen um 10 Uhr. Wir sind in der Kaiserallee 14.
(.......) Montag bis Freitag ab 19 Uhr und Samstag ab 14 Uhr.
(.......) Und wie viel bezahlen Sie pro Stunde?
(.......) Ja, wir suchen eine Putzhilfe für zwei Stunden pro Tag.
(.......) Ja, gut, dann bis morgen.
(.......) Bis morgen, Frau Tufaro, auf Wiederhören.

30 **Schreiben Sie das Gespräch. Hören Sie dann und vergleichen Sie.** 3 07

K: *Bäckerei Kaiser, guten Tag.*
T: ....

31 **Lesen Sie das Gespräch noch einmal und antworten Sie.**

a Für welche Tage sucht die Bäckerei eine Putzhilfe?
....

b Wie lange ist die Arbeitszeit pro Tag?
....

c Wie hoch ist der Verdienst pro Stunde?
....

Berufe

Arbeiter der, - ....
Bauarbeiter der, - ....
(Traum)Beruf der, -e ....
Busfahrer der, - ....
Busfahrerin die, -nen ....
Computerspezialist der, -en ....
Hausfrau die, -en ....
Hausmann der, ¨-er ....
Hausmeister der, - ....
Kellner der, - ....
Kellnerin die, -nen ....
Krankenpfleger der, - ....
Krankenschwester die, -n ....
Mechaniker der, - ....
Pfleger der, - ....
Pflegerin die, -nen ....
Polizist der, -en ....
Programmierer der, - ....
Programmiererin -nen ....
Putzhilfe die, -n ....
Sekretärin die, -nen ....
Student der, -en ....
Taxifahrer der, - ....
Taxifahrerin die, -nen ....

Arbeit

Arbeitsstelle die, -n ....
Arbeitszeit die, -en ....
Büro das, -s ....
Chef der, -s ....
Chefin die, -nen ....
Job der, -s ....
Kenntnisse (Pl.) ....
Maschine die, -n ....
Meister der, - ....
Meisterin die, -nen ....
Stelle die, -n ....
Stellenanzeige die, -n ....
Verdienst der, -e ....
Werkstatt die, ¨-en ....

arbeiten (als), hat gearbeitet ....
verdienen, (hat verdient) ....
(sich) vorstellen, (hat vorgestellt) ....

arbeitslos ....
selbstständig ....

Ortsangaben

Berg der, -e ....
in den Bergen ....
Dorf das, ¨-er ....
Meer das, -e ....
am Meer ....
See der, -n ....
am See ....

Weitere wichtige Wörter

Antwort die, -en ....
Diplom das, -e ....
Einladung die, -en ....
Fahrschule die, -n ....
Feier die, -n ....
Fest das, -e ....
Führerschein der, -e ....
Geld das ....
Geschenk das, -e ....
Hochzeit die, -en ....
Idee die, -n ....
Interview das, -s ....
Krankenhaus das, ¨-er ....
Metall das, -e ....
Person die, -en ....
Reise die, -n ....
Restaurant das, -s ....
Stift der, -e ....
Stress der ....
Stunde die, -n ....
Test der, -s ....
Universität die, -en ....
Urlaub der, -e ....
Vorstellungsgespräch das, -e ....
Werk das, -e ....

Auto fahren, du fährst, er fährt, ist gefahren ....
Kinder bekommen, (hat bekommen) ....
erzählen, (hat erzählt) ....
heiraten, hat geheiratet ....
(sich) melden, hat gemeldet ....
putzen, hat geputzt ....
stellen, hat gestellt ....
eine Frage stellen ....
studieren, (hat studiert) ....
vereinbaren, (hat vereinbart) ....
vergleichen, (hat verglichen) ....

dringend ....
erforderlich ....
glücklich ....
jung ....
langweilig ....
toll ....
traurig ....
verschieden ....

ab ....
eigentlich ....
früher ....
für ....
gerade ....
leider ....
manchmal ....
oft ....
prima ....
pro ....
schon ....
seit ....
sofort ....
später ....
vor ....

Da **muss** man doch ein Formular **ausfüllen**, oder?

A1

1 Was passt? Unterstreichen Sie.

a Ich / Du musst leise sein.
b Wir / Ihr müssen das Formular abgeben.
c Jens und Olga / Er müssen ein Formular ausfüllen.
d Ich / Du muss hier unterschreiben.
e Wir / Maria muss „W“ ankreuzen.
f Sie / Niko müssen einen Moment warten.
g Man / Wir muss eine Nummer ziehen.
h Du / Ihr müsst hier „Ja“ oder „Nein“ ankreuzen.

A2

2 Ergänzen Sie *wollen* oder *müssen* in der richtigen Form.

Man will nicht, aber man muss.

a Ich will ...... nur schnell das Formular hier abgeben. – Tut mir leid, Sie ...... einen Moment warten.

b Ich ...... am Wochenende lange schlafen, aber ich ...... früh aufstehen.
Mein Mann ...... leider arbeiten.

c He, Lena, ... du ins Kino mitkommen? – Ja gern, aber ich ...... heute Abend arbeiten.

d Hallo Tim und Ali, wir ...... ins Schwimmbad gehen. ...... ihr mitkommen? – Ja, gern, aber wir ...... zuerst noch Hausaufgaben machen.

A2

3 Antworten Sie.

Wo müssen Herr Koch, Frau Borowski, Frau Teske und Herr Pereira das Formular abgeben?

Herr Koch muss das Formular in Zimmer …

Frau Borowski muss das …

Frau Teske

Herr Pereira

Sprechen Sie mit Ihren Namen.

Entschuldigung, mein Name ist … Wo kann ich …?

Sie müssen es in Zimmer …

A3 Grammatik entdecken

4 Bilden Sie Sätze und tragen Sie sie ein.

a Sie / das Formular / müssen / ausfüllen / .
b Wo / das Formular / kann / abgeben / ich / ?
c wir / hier / Was / ankreuzen / müssen / ?
d man / muss / hier / machen / Was / ?
e schnell / will / Ich / Deutsch / lernen / .
f am Samstag / arbeiten / du / Musst / ?

a	Sie	müssen	das Formular	ausfüllen	......
b	......	......	......	......	......
c	......	......	......	......	......
d	......	......	......	......	......
e	......	......	......	......	......
f	......	......	......	......	......

5 Ergänzen Sie.

können

Ich *kann* .... *das Wort nicht erklären* .... Sie .... ?
.... du *bitte das Wort erklären* .... ? .... ihr .... ?

müssen

Ich *muss* .... *noch Hausaufgaben machen* .... Sie .... ?
.... du *noch Hausaufgaben machen* .... ? Ihr ....

wollen

Ich *will* .... *keine Übung mehr machen* .... Sie .... ?
.... du *noch eine Übung machen* .... ? .... ihr .... ?

6 Ergänzen Sie.

	müssen	können	wollen
ich/er/sie/man	*muss*	*kann*	....
du	....	....	....
wir/sie/Sie	*müssen*	....	....
ihr	....	....	....

7 Ergänzen Sie *können* – *müssen* – *wollen* in der richtigen Form.

a
● Hallo! Du *musst* .... aufstehen, es ist sechs Uhr!
▲ Ich .... heute nicht aufstehen, ich bin krank.
● Ich glaube, du .... nicht aufstehen.
▲ Richtig! Ich .... nicht aufstehen. Jeden Tag .... ich um sechs Uhr aufstehen. Heute nicht!

b Ihr .... jetzt nicht fernsehen, ihr .... noch Hausaufgaben machen.

c
▲ Ben .... nicht so gut Deutsch.
● Doch, aber man .... langsam sprechen.

d
■ Toll, jetzt bist du 18! Jetzt .... du den Führerschein machen.
● Ja, aber ich .... gar nicht.

e Komm, es ist schon spät, wir .... nach Hause gehen.

f Er .... heute nicht zum Unterricht kommen, er .... arbeiten.

Phonetik 3 08

8 Hören Sie und markieren Sie die Betonung. Sprechen Sie die Dialoge.

a
◆ Ich muss jetzt <u>gehen</u>.
▲ Ach, nein!
◆ Doch, ich muss jetzt gehen.

b
■ Kannst du heute kommen?
● Nein, tut mir leid.
■ Du kannst kommen, da bin ich sicher, aber du willst nicht kommen.

c
▼ Ich kann schon lesen.
● Das glaube ich nicht.
▼ Doch, ich kann schon lesen.

d
■ Wir wollen jetzt fernsehen.
◆ Nein, jetzt nicht!
■ Wir wollen aber fernsehen.
◆ Ihr könnt aber jetzt nicht!

Gehen Sie jetzt hier weiter!

B2 Phonetik CD 3 09

9 Hören Sie und markieren Sie die Satzmelodie ↘ ↗. Sprechen Sie nach.

Warten Sie einen Moment? ↗ Warten Sie einen Moment! ▬
Unterschreiben Sie hier! ▬ Bezahlen Sie an der Kasse? ▬
Machen Sie einen Deutschkurs! ▬ Machen Sie viel Sport? ▬

B2 Phonetik CD 3 10

10 Hören Sie und ergänzen Sie *?* oder *!*

Kommen Sie heute ▬ Kommen Sie heute um fünf ▬ Schlafen Sie gut ▬
Essen Sie ein Brötchen ▬ Essen Sie einen Apfel ▬ Trinken Sie viel Milch ▬
Lernen Sie jeden Tag 10 Wörter ▬ Lernen Sie jeden Tag eine Stunde ▬

B2

11 Geben Sie Ratschläge.

a

Ich bin so müde. (einen Kaffee trinken oder ein bisschen spazieren gehen)
Trinken Sie doch einen Kaffee oder ....
....
Ich spreche kein Deutsch. (einen Kurs machen) ....
Ich suche eine Wohnung. (die Anzeigen in der Zeitung lesen) ....
....
Ich verstehe die Übung nicht. (Ihre Lehrerin fragen) ....

b

Wir verstehen den Dialog nicht. (den Dialog noch einmal hören) ....
....
Was müssen wir jetzt machen? (den Text lesen) ....
(die Wörter ergänzen) ....

B4 Grammatik entdecken

12 Streichen Sie und ergänzen Sie.

Schreib~~st~~ ~~du~~ bald?	*Schreib*. bitte bald!	Schreibt ~~ihr~~ bald?	*Schreibt*.. bitte bald!
Gehst du nach Hause?	.... nach Hause!	Geht ihr nach Hause?	.... nach Hause!
Kommst du?	.... bitte!	Kommt ihr?	.... bitte!
Rufst du an?	.... bitte an!	Ruft ihr an?	.... bitte an!
Stehst du jetzt auf?	.... jetzt auf!	Steht ihr jetzt auf?	.... jetzt auf!
Arbeitest du heute?	.... nicht so viel!	Arbeitet ihr heute?	.... nicht so viel!
Sprichst du immer so schnell?	.... bitte langsam!	Sprecht ihr immer so schnell?	.... bitte langsam!
Liest du den Text?	*Lies*...... bitte den Text!	Lest ihr den Text?	.... bitte den Text!
Nimmst du einen Apfel?	.... einen Apfel!	Nehmt ihr einen Apfel?	.... einen Apfel!
Isst du gern Kuchen?	*Iss*......... nicht so schnell!	Esst ihr gern Kuchen?	.... nicht so schnell!
⚠ Schläfst du schon?	*Schlaf*... gut!	Schlaft ihr schon?	.... gut!

13 Ergänzen Sie die Gespräche.

Fahrrad fahren oder ein Comic-Heft lesen oder zu Oma gehen oder Fußball spielen ● aber um 6 Uhr zu Hause sein

a

● Was machen wir jetzt?
■ Ich muss arbeiten, ich habe viel zu tun.
● Und ich?
■ Hast du keine Hausaufgaben mehr?
● Nee, alle gemacht.
■ Na dann *fahr doch Fahrrad oder* ....
....
....
Aber ....

b

▲ Was können wir jetzt machen?
◆ Habt ihr keine Hausaufgaben mehr?
▲ Nee, alle gemacht.
◆ Na dann *fahrt doch Fahrrad oder* ....
....
....
....
....
Aber ....

14 Ergänzen Sie.

a bitte leise sein
Marcel, *sei bitte leise* .... !
Marcel und Tanja, ... !

b bitte das Fenster zumachen
Mira, *mach* ....
.... !
Mira und Sven, ...
.... !

c bitte das Formular ausfüllen
Niko, ...
.... !
Frau Roth, ...
.... !

d bitte um 8 Uhr kommen
Fatma, ...
.... !
Herr und Frau Schneider, ...
.... !

e bitte die Küche aufräumen
Ellen, ...
.... !
Ellen und Alex, ...
.... !

f bitte den Dialog lesen
Galja und Dragan, ...
.... !
Frau Demingo und Herr Gomez, ...
.... !

g bitte das Buch nehmen und die Übungen machen
Silvana, ...
.... !
Silvana und Neven, ...
.... !

Gehen Sie jetzt hier weiter!

B4

15 Antworten Sie mit *doch* oder *bitte*.

Kann ich Frau Kaiser sprechen? — Warten Sie bitte einen Moment.

Es ist so langweilig heute! — Lies doch ein Buch!

a ▲ Ich bin so müde.
◆ Schlaf doch eine Stunde! .... (doch eine Stunde schlafen)
.... (doch nicht so viel arbeiten)
.... (doch Urlaub machen)

b ● Irina, verstehst du das Wort da?
■ Nein. .... (doch ins Wörterbuch schauen)

c ▲ Wann kann ich kommen, Herr Schulz?
◆ .... (bitte um fünf Uhr kommen)

d Ich verstehe Sie nicht. .... (bitte langsam sprechen)

e ● Hast du kein Auto?
▼ Nein. .... (mich bitte mitnehmen)

B5 Prüfung

16 Formulieren Sie Fragen und Antworten zu den Kärtchen.

Wählen Sie passende Sätze aus.

Kann ich bitte ...?	Natürlich, hier bitte.
Kann ich bitte ... haben?	Natürlich.
Kann ich bitte ... nehmen?	Ja, natürlich. Entschuldigung.
Bringen Sie / Bring doch bitte ... mit.	Ja, gern.
Können Sie / Kannst du bitte ... mitbringen.	O. K., mache ich.
	Na klar!
	Nein, das geht leider nicht.
	Nein, tut mir leid.

17 Ergänzen Sie *dürfen* in der richtigen Form.

a Frau Kurz, Sie .... die Unterschrift nicht vergessen.
b Enrique, du .... hier nicht rauchen.
c Hier .... ihr nicht fotografieren.
d Entschuldigung, ... ich Sie etwas fragen?
e Papa, ... wir jetzt fernsehen?
f .... man hier fotografieren?

18 Ergänzen Sie.

Hier dürfen wir fahren. • Ich darf nicht mitfahren. • Hier müssen wir warten. • Ich kann nicht mitfahren. • Ich will nicht mitfahren. • Ich möchte gern mitfahren.

a

1

● Kommst du mit nach London?
▲ ....
Ich habe kein Geld.

2

● Aber du kommst doch mit.
▼ Nein. ....
Ich möchte mit Susi nach Wien fahren.

3

● Und du? Kommst du mit?
◆ ....
Meine Eltern haben definitiv „Nein" gesagt.

4

■ He, wann fährst du denn?
....
● Was, du?

b

1

Sieh mal. ....
....

2

Sieh mal. ....
....

19 Notieren Sie im Lerntagebuch.

LERNTAGEBUCH

müssen können
wollen dürfen

ich	muss.........,	kann.........,	will.........,	darf...........
du	musst.......,	....................,	....................,	....
er/sie/man	....................,	....................,	....................,	....
wir	....................,	....................,	....................,	....
ihr	....................,	....................,	....................,	....
sie/Sie	....................,	....................,	....................,	....

⚠ ich frage
er fragt
aber: ich muss, kann, will, darf → kein .....!
er muss, kann, will, darf → kein .....!

Portfolio

Meldeformular

D1 **20** **Jahreszeiten und Monate in Europa. Ergänzen Sie.**

a  der Frühling...

März............ ....

b  ....

...Juni............ ....

c  ....

....

d  ....

....

D1 **21** **Antworten Sie.**

Geburtstagskalender	
Maja	31. 1.
Stefanie	15. 3.
Heiko	2. 5.
Julia	28. 8.
Annette	17. 10.
Mirko	6. 12.

Wann hat Maja Geburtstag? ..Im Januar.........................

Wann hat Stefanie Geburtstag? ....

Wann hat Heiko Geburtstag? ....

Wann hat Julia Geburtstag? ....

Wann hat Annette Geburtstag? ....

Wann hat Mirko Geburtstag? ....

D2 Prüfung **22** **Füllen Sie für Ihre Freundin das Formular aus.**

Ihre Freundin heißt Yasmin Saidi und kommt aus Tunesien. Sie ist am 02.11.1975 in Tunis geboren. Am 01.10.08 ist sie in die neue Wohnung in der Ritterstraße 25 in 01097 Dresden eingezogen. Bisher hat sie in der Dammstraße 14 in 01326 Dresden gewohnt. Sie ist nicht verheiratet. Sie ist Krankenschwester.

ANMELDUNG bei der Meldebehörde

Einzugsdatum

Neue Wohnung: Bisherige Wohnung:

Die neue Wohnung ist ☒ Hauptwohnung ☐ Nebenwohnung.

1	2
Familienname Saidi	Familienname
ggf. Geburtsname	ggf. Geburtsname
Vornamen	Vornamen
Geschlecht ☐ männlich ☒ weiblich	Geschlecht ☐ männlich ☐ weiblich
Geburtsdatum Geburtsort	Geburtsdatum Geburtsort
Familienstand ☐ ledig ☐ verheiratet ☐ geschieden ☐ verwitwet ☐ Lebenspartnerschaft ☐ Lebenspartnerschaft aufgehoben ☐ dauernd getrennt lebend	Familienstand ☐ ledig ☐ verheiratet ☐ geschieden ☐ verwitwet ☐ Lebenspartnerschaft ☐ Lebenspartnerschaft aufgehoben ☐ dauernd getrennt lebend
Staatsangehörigkeit tunesisch	Staatsangehörigkeit
Berufstätig	Berufstätig

3	4
Familienname	Familienname
ggf. Geburtsname	ggf. Geburtsname
Vornamen	Vornamen
Geschlecht ☐ männlich ☐ weiblich	Geschlecht ☐ männlich ☐ weiblich
Geburtsdatum Geburtsort	Geburtsdatum Geburtsort
Familienstand ☐ ledig ☐ verheiratet ☐ geschieden ☐ verwitwet ☐ Lebenspartnerschaft ☐ Lebenspartnerschaft aufgehoben ☐ dauernd getrennt lebend	Familienstand ☐ ledig ☐ verheiratet ☐ geschieden ☐ verwitwet ☐ Lebenspartnerschaft ☐ Lebenspartnerschaft aufgehoben ☐ dauernd getrennt lebend
Staatsangehörigkeit	Staatsangehörigkeit
Berufstätig	Berufstätig
Ort, Datum	

Unterschrift

23 Ergänzen Sie.

Können Sie das bitte erklären? ● Was heißt …? / Was bedeutet …? ●
Das Wort verstehe ich nicht. ● Noch einmal, bitte. / Können Sie das bitte wiederholen?

a ● Seit wann sind Sie arbeitslos?
▲ Entschuldigung. ………………………………………………… „arbeitslos"?

b ● Füllen Sie bitte das Formular aus und geben Sie es dann ab.
▲ Nicht so schnell bitte. …………………………………………………

c ● Sind Sie verheiratet oder ledig?
▲ Was bedeutet „ledig"? …………………………………………………
● „Ledig" bedeutet, …

d ● Sie müssen hier noch unterschreiben.
▲ Was muss ich machen? Das habe ich nicht verstanden. ……………………………
● Sie müssen hier Ihren Namen schreiben.

24 Lesen Sie die SMS und antworten Sie.

hreibtraining

Liebe Cihan,
Du bist schon in Deine neue Wohnung gezogen, das ist ja toll!
Jetzt hast Du eine neue Adresse und musst ein Ummeldeformular ausfüllen. Das ist ganz einfach!
Du kannst unter *www.stuttgart.de das*……………………………………
……………………………………………………………
…………………………………………………………… .
Dann …………………………………………………… .
Und dann ………………………………………………… .
Dann ist alles okay.
Liebe Grüße
Tina

1 unter www.stuttgart.de das Ummeldeformular aus dem Internet herunterladen
2 das Formular ausfüllen
3 es an die Stadt schicken

25 Notieren Sie im Lerntagebuch.

Vergessen Sie immer wieder ein Wort? Dann notieren Sie es im Lerntagebuch mit einer Zeichnung.

LERNTAGEBUCH

Notieren Sie schwierige Wörter aus Lektion 8 und 9 und zeichnen Sie sie.

Portfolio

Lernwortschatz

Auf dem Amt

Amt das, ¨-er ....
Angehörige der/ die, -n ....
Antrag der, ¨-e ....
Auskunft die, ¨-e ....
Ausländeramt das, ¨-er ....
Ausweis der, -e ....
Beamte der, -n ....
Behörde die, -n ....
Botschaft die, -en ....
Datum das ....

Dokument das, -e ....
Einreiseerlaubnis die, -se ....
Nummer die, -n ....
Pass der, ¨-e ....
Visum das, Visa ....

ab·geben, du gibst ab, er gibt ab (hat abgegeben) ....
an·melden, (hat angemeldet) ....
unterschreiben, (hat unterschrieben) ....

Meldefomular

Ehefrau die, -en ....
Familienstand der ....
Formular das, -e ....
Geschlecht das ....
Nationalität die, -en ....
Staatsangehörigkeit die, -en ....

aus·füllen, (hat ausgefüllt) ....
getrennt leben ....

berufstätig ....
männlich ....
weiblich ....

Die Monate

Januar der ....
Februar der ....
März der ....
April der ....
Mai der ....
Juni der ....

Juli der ....
August der ....
September der ....
Oktober der ....
November der ....
Dezember der ....

Weitere wichtige Wörter

Alkohol der ....
Ankunft die ....
Arbeitsplatz der, ¨-e ....
Ausländer der, - ....
Auto das, -s ....
Automat der, -en ....

Chat der, -s ....
Einkommen das, - ....
Erklärung die, -en ....
Erwachsene der, -n ....
Fahrkarte die, -n ....
Fenster das, - ....

Gast der, ¨-e ....
Hilfe die, -n ....
Internet das ....
Kalender der, - ....
Kasse die, -n ....
Leben das ....
Moment der, -e ....
Paar das, -e ....
Papier das, -e ....
Post die ....
Ratschlag der, ¨-e ....
Schluss der, ¨-e ....
Schüler der, - ....
Schülerin die, -nen ....
Termin der, -e ....
Versicherung die, -en ....
Wechselgeld das ....
Zeitung die, -en ....
Ziel das, -e ....
Zigarette die, -n ....

auswählen, (hat ausgewählt) ....
bedeuten, (hat bedeutet) ....
besuchen, (hat besucht) ....
bitten, hat gebeten ....
denken, hat gedacht ....
dürfen, ich darf, du darfst, er darf ....
ein·tragen, (hat eingetragen) ....
erklären, (hat erklärt) ....
ein·ziehen (ist eingezogen) ....
finden, hat gefunden ....
fotografieren, (hat fotografiert) ....
holen, hat geholt ....
müssen, ich muss, du musst, er muss ....
nach·sehen, (hat nachgesehen) ....
parken, hat geparkt ....
rauchen, hat geraucht ....
stempeln, hat gestempelt ....
telefonieren, (hat telefoniert) ....
um·ziehen, (ist umgezogen) ....
verbieten, (hat verboten) ....
wählen, hat gewählt ....
warten, hat gewartet ....
wiederholen, (hat wiederholt) ....
wissen, (hat gewusst) ....
zahlen, hat gezahlt ....
ziehen, hat gezogen ....
zu·hören, (hat zugehört) ....
zusammen·bleiben, (ist zusammengeblieben) ....

ausländisch ....
langsam/schnell ....
laut/leise ....
schriftlich ....

draußen ....
erlaubt/verboten ....
speziell ....
vorher ....
weiter ....

Oh je, **Ihr Bein**!

A1

1 Ergänzen Sie.

~~Fuß~~ • Auge • Ohr • Hals • Hand • Mund • Finger • Nase • Rücken • Bauch • Kopf • Arm • Bein

...Fuß...

A1

2 Ergänzen Sie.

Beine • Hände • Ohren • Füße • Finger • Arme • Augen • ~~Zähne~~

fünf...

zwei...

...

...

32 Zähne...

...

...

...

A2

3 Ordnen Sie die Wörter aus Aufgabe 1 und 2 ein.

der Kopf	**das** Ohr	**die** Nase	**die** Ohren
mein / dein / Ihr	mein / dein / Ihr	meine / deine / Ihre	meine / deine / Ihre
Kopf	Ohr	Nase	Ohren

ederholung
hritte plus 1
ktion 2

4 Ergänzen Sie *mein – meine.*

A

a ◆ Du, Julia! Wo ist denn .... Bruder?
▼ Da kommt er doch!
◆ Das ist doch nicht .... Bruder!

B

b ■ Hier guck mal: Das ist .... Schwester Miriam und das sind .... Eltern und das ist .... Lehrerin.

5 Ergänzen Sie *mein – meine – dein – deine – Ihr – Ihre.*

A

a ● Tag, Frau Müller. Ist das .... Tochter?
▲ Nein, das ist .... kleine Schwester.

B

b ● Tobias, warte mal, ... Freundin Silke ist am Telefon.
▲ Das ist doch nicht .... Freundin!

C

c ◆ Einen Moment bitte, Frau Schulz, ... Mann ist am Telefon.
▲ Wer? .... Mann? Danke, Frau Schneider.

D

d .... Augen sind ja ganz grün.

E

e Entschuldigung, sind das .... Hasen?

F

f ◆ Wie alt sind .... Kinder?
▲ Sieben und elf.

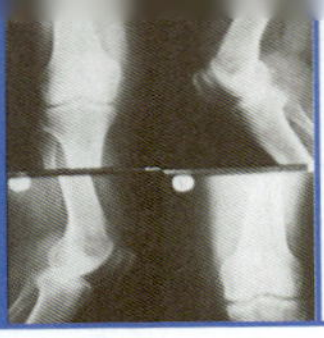

Sein Bein ist nicht gebrochen.

B2 Grammatik entdecken

6 Markieren Sie.

Niko
- Sein Familienname ist Miron. (der Familienname)
- Sein Bein tut weh. (das Bein)
- Seine Mutter lebt in Kiew. (die Mutter)
- Seine Eltern sprechen kein Deutsch. (die Eltern)

Sabine
- Ihr Familienname ist Brachmann.
- Ihr Bein tut weh.
- Ihre Mutter lebt in Dresden.
- Ihre Eltern sind geschieden.

B2

7 Wer ist auf den Fotos? Ergänzen Sie *ihr – ihre – seine*.

a Tina und ihr............ Mann Bruno.
b Tina und .... Tochter Sara.
c Bruno und .... Frau Tina.
d Bruno und .... Tochter Sara.
e Sara und .... Eltern.
f Sara und .... Hasen Schnuffi und Poppel.
g Niko und .... Freundin Sara.

B2

8 Ergänzen Sie *seine – ihr – ihre*.

Das ist meine Freundin Lia aus Armenien. Sie hat 2 Kinder: .... Tochter ist zehn Jahre alt und .... Sohn ist acht. .... Mann arbeitet als Hausmeister. .... Eltern leben auch in Deutschland, aber .... Bruder und .... Schwester leben in Nordamerika. .... Bruder lebt in Kanada. .... Frau ist Kanadierin. .... Schwester lebt in den USA.

B2

9 Was erzählt Marina? Schreiben Sie.

Name: Ivano
aus Italien
ganze Familie: seit 25 Jahren in Deutschland
Schwester und drei Brüder in Deutschland geboren
Eltern: haben ein Restaurant

▲ Hallo Marina, wie geht es dir?
● Super! Ich habe geheiratet.
▲ Wirklich? Wen denn? Erzähl mal.
● Also, sein Name ist...
....
....
....
....
....
....
....
....

10 **Notieren Sie im Lerntagebuch.** LERNTAGEBUCH

Portfolio

11 **Ergänzen Sie *unser – unsere – euer – eure – ihre*.**

a 
.... Lehrerin ist super, nicht wahr?

b 
▲ .... Augen sind nicht mehr so gut, aber .... Ohren hören alles, nicht wahr Theodor?
■ Was sagst du?

c 
Entschuldigung, das ist .... Platz.

d 
▲ Wer war das? Du, Julian?
■ Nein, ich nicht! Das war .... Idee.

e 
Seht mal, da kommt .... Bus.

f 
Sind das .... Katzen?

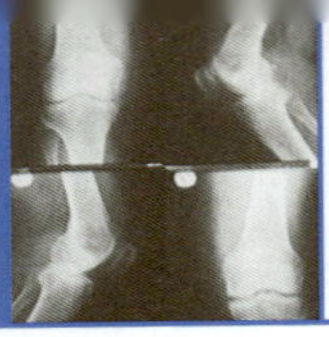

Sein Bein ist nicht gebrochen.

B4 Grammatik entdecken

12 Lesen Sie und unterstreichen Sie die Formen von *ein* und *sein*.

der Verband
der Termin
das Rezept
die Versichertenkarte
die Krankmeldung

Niko hatte einen Unfall. Sein Bein tut sehr weh. Er geht zum Arzt. Dort gibt er seine Versichertenkarte ab. Der Arzt sieht das Bein an. – Es ist nicht gebrochen. Aber Niko kann sein Bein nicht bewegen. Er bekommt einen Verband, ein Rezept und eine Krankmeldung. Seine Krankmeldung muss er beim Arbeitgeber abgeben. Niko braucht jeden Tag einen neuen Verband. Er möchte seinen Verband aber nicht selbst machen. Deshalb bekommt er einen neuen Termin.

Ergänzen Sie die Sätze.

a Niko hat eine Versichertenkarte. Er gibt s................ Versichertenkarte in der Praxis ab.
b Niko bekommt ein Rezept. Er gibt s................ Rezept in der Apotheke ab.
c Niko bekommt eine Krankmeldung. Er gibt s................ Krankmeldung in der Firma ab.
d Niko braucht jeden Tag ein**en** neuen Verband. Er möchte s................ Verband nicht selbst machen.
e Niko bekommt ein**en** Termin. Er darf s................ Termin nicht vergessen.

B4 Grammatik entdecken

13 Ergänzen Sie.

Das ist/sind	mein, dein	Führerschein/ Rezept			meine, ...	Krankmeldung
	sein, ihr				....	
	unser, euer				....	
	ihr, Ihr				....	
Ich habe	meinen	Führerschein	....	Rezept	....	Krankmeldung
Hast du	....		....		....	
Er hat	....		....		....	
Sie hat	....		....		....	
Wir haben	....		....		....	
Habt ihr	....		....		....	
Sie haben	....		....		....	
Haben Sie	....		....		....	

B5

14 Ergänzen Sie.

a ● Hast du deinen............. Ausweis, d...................... Versichertenkarte, d...................... Pullover.
▲ Ja, Mama, ich habe m.................. Ausweis, m.................. Versichertenkarte, m.................. Pullover.
b Tragen Sie bitte I...................... Namen und I...................... Adresse in die Liste ein.
c Na, wie findest du u...................... Salat? Schmeckt er?
d Jens und Katrin, macht jetzt bitte e...................... Hausaufgaben.
e Guten Tag, ich möchte m...................... Tochter anmelden.
f Du musst d...................... Geburtsnamen hier eintragen.
g Ich kann das nicht lesen. Wo ist denn m...................... Brille? 
h Miriam, räum bitte d...................... Bücher auf!
i ● U...................... Hund ist weg. Hast du vielleicht u...................... Hund gesehen?
▲ Wie sieht e...................... Hund denn aus?

15 **Ergänzen Sie *sollen* in der richtigen Form.**

soll .... ich zum Arzt gehen?
Du .... viel Wasser trinken.
Er .... zwei Tage zu Hause bleiben.
.... Claudia wirklich drei Tabletten nehmen?
.... wir Übung 2 oder Übung 3 machen?
Ihr .... Übung 3 machen.
.... die Kinder im Bett bleiben?
Frau Müller, Sie .... jeden Abend eine Tablette nehmen.

16 **Ergänzen Sie.**

a Geh nicht so spät ins Bett! — Du sollst nicht so spät ins Bett gehen.
b Steh .... — Du sollst endlich aufstehen.
c Sprich bitte langsam! — ....
d .... — Ihr sollt leise sein.
e Tragen Sie bitte hier Ihren Namen ein! — ....
f .... — Sie sollen Ja oder Nein ankreuzen.
g .... — Sie sollen zum Chef kommen.
h Wartet bitte hier! — ....
i .... — Ihr sollt die Musik leise machen.
j Räum bitte dein Zimmer auf! — ....
k .... — Du sollst nicht so viel Schokolade essen.

17 **Ergänzen Sie *dürfen – müssen – sollen* in der richtigen Form.**

a Du darfst .... hier nicht rauchen.
Du .... deine Zigarette ausmachen.

b Du .... nicht so viel rauchen, hat der Arzt gesagt.
c Sagen Sie Herrn Mujevic, er .... bitte morgen um neun Uhr in mein Büro kommen.
d Ihre Hand sieht ja schlimm aus. Sie .... zum Arzt gehen.
e Mein Arzt hat gesagt, ich .... zwei Wochen lang keinen Sport machen.
f Maria, deine Mutter hat angerufen. Du .... nach Hause kommen.
g Einen schönen Gruß von Frau Jacobsen, Sie .... nicht warten, sie .... noch bis 20 Uhr arbeiten.
h Wir haben keine Milch mehr, ich .... noch einkaufen gehen.

C2

18 Lesen Sie.

Hallo Mutti, hier ist Jan. Ich komme morgen. Koch doch bitte mein Lieblingsessen und mach auch einen Kuchen. Kaufst du bitte auch 5 Flaschen Multivitaminsaft? Und ruf doch bitte Theresa an und lade sie ein. Viele Grüße, bis morgen!

Was erzählt die Mutter? Schreiben Sie.

Du, Alex, hör mal her!
Jan hat heute angerufen. Er kommt morgen.
Ich soll ....
....
....
....
....
....
....
....
....
....
Sag mal, wie findest du das?

Phonetik D3 11

19 Hören Sie und sprechen Sie nach.

Haus – aus • Hund – und • hier – ihr • haben – Abend •
am Abend • heute Abend • um ein Uhr • Otto und ich • Hans und Anna •
in Europa •
Hast du heute gearbeitet? • Am Wochenende nie! •
Kann ich bitte einen Termin haben? • Es ist dringend. •
Kann ich einfach vorbeikommen? •
Was macht Ihre Hand, Herr Albers?

Prüfung D3 12

20 Hören Sie zwei Gespräche. Was ist richtig? Kreuzen Sie an: *a*, *b* oder *c*.

1 Wann haben Alex und Sergej Training?

a ☐ Heute Nachmittag. b ☐ Morgen. c ☐ Heute Vormittag.

2 Für wann hat die Arzthelferin Frau Bönisch in den Terminplan eingetragen?

a ☐ Am Donnerstag. b ☐ Am Dienstag. c ☐ Am Montag.

hreibtraining

21 Wie geht es Deinem Bein?

a Lesen Sie die E-Mail.
Sie hatten einen Unfall und Ihr Bein ist gebrochen. Ihre Freundin schreibt Ihnen eine E-Mail.

Betreff: Wie geht es Dir?

Liebe Jana,
wie geht es Deinem Bein? Wann musst Du wieder zum Arzt? Du kannst ja sicher noch nicht wieder gehen. Ich kann mit dem Auto kommen und dann fahren wir zusammen. Schreib mir Deine Termine.
Bis dann
Melanie

b Antworten Sie. Ordnen Sie die Sätze und schreiben Sie die E-Mail.

- ☐ Am Mittwoch, also übermorgen, habe ich einen Termin um 10 Uhr.
- ☐ Ich hoffe, es klappt und Du kannst kommen.
- 1 Liebe Melanie,
- ☐ Da bekomme ich dann einen neuen Verband.
- 2 vielen Dank, das ist sehr nett.
- ☐ Ich kann wirklich noch gar nicht gut gehen.
- ☐ Herzlichen Gruß
- ☐ Und dann habe ich noch einen Termin nächste Woche am Freitag um 9 Uhr.
- ☐ Jana

Liebe Melanie,
...

Projekt

22 Was für Ärzte gibt es?

a Suchen Sie im Telefonbuch/im Internet und machen Sie eine Liste.

b Suchen Sie einen „Praktischen Arzt" und einen Zahnarzt in Ihrer Nähe und notieren Sie Adresse und Telefonnummer.
Rufen Sie an und fragen Sie:
- Wann haben die Ärzte Sprechstunde?
- Muss man einen Termin vereinbaren?

Augen arzt
...

c Gibt es auch ein Gesundheitsamt in Ihrem Ort?
Suchen Sie im Telefonbuch / im Internet die Adresse und die Öffnungszeiten.

Arzt und Gesundheit

Apotheke die, -n ....
Doktor der, -en ....
Gesundheit die ....
Klinik die, -en ....
Krankenversicherung die, -en ....
Krankheit die, -en ....
Krankmeldung die, -en ....

Medikament das, -e ....
Medizin die ....
Not die ....
Notfall der, ¨-e ....
Notruf der, -e ....
Rezept das, -e ....

Salbe die, -n ....
Schmerz der, -en ....
Tablette die, -n ....
Unfall der, ¨-e ....
Verband der, ¨-e ....
Verletzte der, -n ....
Verletzung die, -en ....
Versichertenkarte die, -n ....

weh·tun, (hat wehgetan) ....

gebrochen ....
schlimm ....
verletzt ....

Körperteile

Arm der, -e ....
Auge das, -n ....
Bauch der, ¨-e ....
Bein das, -e ....
Finger der, - ....
Fuß der, ¨-e ....
Haar das, -e ....
Hals der, ¨-e ....
Hand die, ¨-e ....
Knochen der, - ....
Kopf der, ¨-e ....
Mund der, ¨-er ....
Nase die, -n ....
Ohr das, -en ....
Rücken der, - ....
Zahn der, ¨-e ....

Brief

Absender der, - ....
Anrede die ....
Betreff der, -e ....
Empfänger der, - ....
Gruß der, ¨-e ....
Unterschrift die, -en ....

Weitere wichtige Wörter

Anruf der, -e ....

Arbeitgeber der, - ....

Autobahn die, -en ....

Eingang der, ¨e ....

Fehler der, - ....

Mensch der, -en ....

Motorrad das, ¨er ....

Ordnung die ....

Rat der ....

Schokolade die ....

Staat der, -en ....

Symbol das, -e ....

System das, -e ....

Tankstelle die, -n ....

Teil der, -e ....

Tipp der, -s ....

auf·schreiben,
(hat aufgeschrie-
ben) ....

aus·sehen,
du siehst aus,
er sieht aus
(hat ausgesehen) ....

beantworten,
(hat beantwortet) ....

bleiben, ist geblieben ....

erreichen,
(hat erreicht) ....

informieren,
(hat informiert) ....

korrigieren,
(hat korrigiert) ....

lachen, hat gelacht ....

los·fahren,
du fährst los,
er fährt los,
(ist losgefahren) ....

öffnen, hat geöffnet ....

passieren, (ist passiert) ....

rufen, hat gerufen ....

sollen, ich soll,
du sollst, er soll ....

stehen, ist gestanden ....

unterstreichen,
(hat unterstrichen) ....

vorbei- ....

vorbei·kommen,
(ist vorbeigekommen) ....

wieder·kommen,
(ist wiedergekommen) ....

dick ....

direkt ....

echt ....

eigen- ....

frei ....

kostenlos ....

manch- ....

meist- ....

nächst- ....

regional ....

ruhig ....

ruhig bleiben,
(ist ruhig geblieben) ....

schmutzig ....

schwer ....

gegen ....

bis gleich ....

plötzlich ....

übermorgen ....

jemand ....

Wo ist die Gustav-Heinemann-Straße?

A3 **1 Welche Antwort ist richtig? Kreuzen Sie an.**

a Wo gibt es hier eine Bäckerei?
- ☐ Gehen Sie geradeaus und die zweite Straße links.
- ☐ Gehen Sie geradeaus und zwei Straßen links.

b Wo ist hier ein Fahrkartenautomat?
- ☐ Tut mir leid, da ist ein Fahrkartenautomat.
- ☐ Tut mir leid, ich bin auch fremd hier.

c Wo ist bitte der Bahnhofsplatz?
- ☐ Gehen Sie hier nach links und immer geradeaus.
- ☐ Gehen Sie hier nach geradeaus.

A3 CD 3 13 **2 Hören Sie. Tragen Sie den Weg ein. Wo sind die Post und die U-Bahn-Station? Kreuzen Sie an.**

✕ Sie sind hier.

A3 **3 Wie fragen Sie?**

a Sie wollen in die Wilhelmstraße.
Entschuldigung / suche / die Wilhelmstraße / ich / . *Entschuldigung,* ....

b Sie suchen eine Bäckerei.
hier / eine Bäckerei / ist / in der Nähe / ? *Ist hier eine* ....

c Sie suchen die nächste Bushaltestelle.
ist / wo / die nächste Bushaltestelle / ? ....

d Sie wollen zum Bahnhof.
wie / ich / komme / zum Bahnhof / ? ....
zu Fuß / oder / mit dem Bus / ? ....

A3 **4 Sehen Sie den Plan in Aufgabe 2 an und beschreiben Sie den Weg vom Café Z zum Kino.**

5 Ergänzen Sie.

der Zug • das Taxi • ~~der Bus~~ • die U-Bahn • die Straßenbahn • das Auto • das Fahrrad

............*der Bus*...............

....

....

....

....

....

....

6 Ergänzen Sie.

a Ich fahre
- der Zug: *mit dem Zug*.........................
- der Bus: ....

b Ich fahre
- das Taxi: ....
- das Fahrrad: ....
- das Auto: ....

c Ich fahre
- die U-Bahn: ....
- die Straßenbahn: ....

7 Ergänzen Sie.

a die • den • ein • kein • keine

b **Wie kommen Gerd, Michael, Frank, Peter nach Hause?**

Michael: *mit*..
Frank: ....
Gerd: ....
Peter: ....

Phonetik 3 14

8 Hören Sie und sprechen Sie nach.

der Zug • der Zahn • das Zimmer • der Zucker • die Zeitung • das Flugzeug • die Schweiz • der Platz • der Satz • das Salz • Was!? Schon zehn vor zwei? • Ich muss jetzt zum Zug. • Wo sitzen Sie? • Ich bin schon seit zehn Uhr zu Hause. • Ich gehe gerne spazieren. • Das ist ja ganz schwarz. • Bitte bezahlen.

B Da! **An der** Ampel links.

9 Ergänzen Sie das Kreuzworträtsel.

1 Hier kann man Filme sehen.
2 Hier kann man Briefmarken kaufen.
3 Hier kann man essen.
4 Hier kann man den Zug nehmen.
5 Hier kann man Geld holen.
6 Hier kann man den Bus nehmen.
7 Hier kann man essen und schlafen.
8 Hier kann man Lebensmittel kaufen.
9 Hier kann man Medikamente kaufen.
10 Hier kann man Brot kaufen.

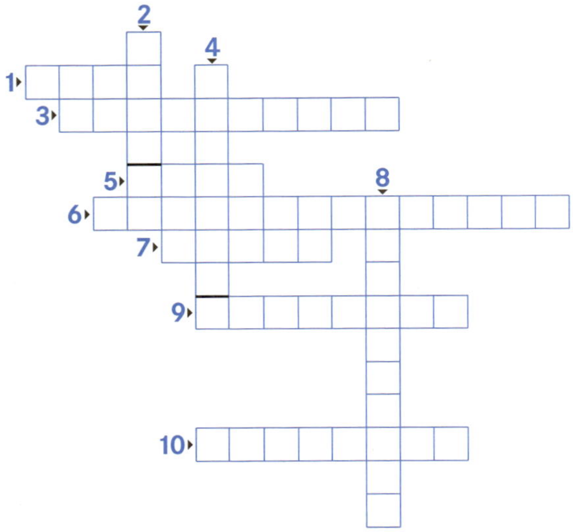

10 Wo steht das Auto? Ordnen Sie zu.

1

2

3

4

5
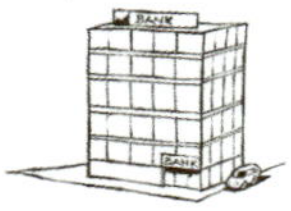

6

7
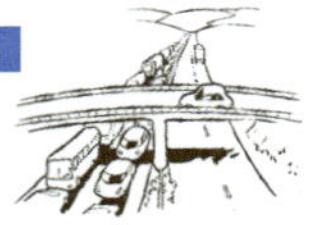

8

a ☒ Auf der Brücke über der Autobahn.
b ☐ Vor dem Bahnhof.
c ☐ An der Bushaltestelle.
d ☐ Hinter dem Restaurant.
e ☐ Auf dem Parkplatz.
f ☐ Neben der Bank.
g ☐ In der Garage unter dem Hotel.
h ☐ Zwischen der Bank und der Post.

11 Was ist richtig? Kreuzen Sie an.

b
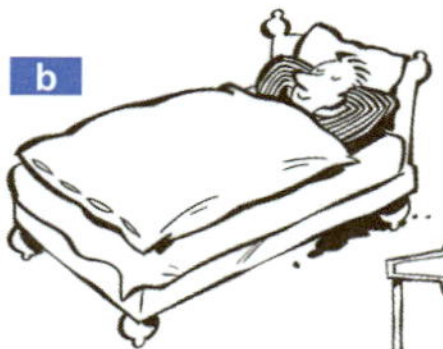

d

f

h

a

c

e

g

a	Die Katze sitzt	☐ hinter ☐ auf	dem Stuhl.
b	Jens liegt	☐ in ☐ vor	dem Bett.
c	Die Apotheke ist	☐ neben ☐ hinter	der Post.
d	Eva steht	☐ an ☐ vor	der Bushaltestelle.
e	Das Auto steht	☐ in ☐ vor	der Garage.
f	Die Katze sitzt	☐ über ☐ unter	dem Sofa.
g	Eva sitzt	☐ hinter ☐ über	Mario.
h	Die Schule ist	☐ über ☐ auf	der Bank.

12 Wo ist das Buch?

a Ergänzen Sie *auf – hinter – in – neben – unter – zwischen – vor*.

b Sehen Sie noch einmal das Bild an und antworten Sie.

Mein Buch ist … *vor dem* Fernseher. *auf dem* Tisch.
………………… Tasche. ………………… Fernseher.
………………… Sofa. ………………… Telefon.
………………… Sofa. ………………… Wörterbüchern.

der Fernseher
die Tasche
das Sofa
der Tisch
das Telefon

13 Ergänzen Sie.

Grammatik entdecken

Wo?	der Tisch, …	das Sofa, …	die Tasche, …	die Bücher, …
an, auf, hinter, in, neben, über, unter, vor, zwischen	+ ……………. Tisch, Sofa, …		+ ……………. Tasche, …	+ ……………. Büchern, …

14 Ergänzen Sie.

a Bruno arbeitet von 7 bis 19 Uhr *im*……………… Laden.
b Gestern war ich mit Ellen ……………………… Kino.
c ……………………… Restaurant Adler kann man sehr gut essen.
d Mein Auto steht ……………………… Parkplatz dort.
e Sara ist heute nicht ……………………… Schule.
f Ich wohne ……………………… Rosenheimer Straße.
g ……………………… Bushaltestelle kann man Zeitungen kaufen.

der Laden
das Kino
das Restaurant
der Parkplatz
die Schule
die Straße
die Bushaltestelle

15 Schreiben Sie Sätze.

a Sonderangebote – Supermarkt – heute – es gibt *Heute gibt es Sonderangebote im Supermarkt.*
b das Restaurant „Taverne" – Bahnhofstraße – sehr gut – ist ………………………
c dein Auto – ist – Garage? ………………………
d getroffen – ich – Deutschunterricht – habe – Manuela ………………………
e wartet – Olga – Bushaltestelle ………………………

B4 **16** **Ergänzen Sie.**

Vor dem .... Kino?	.... Bahnhof?
.... Café Paradiso?	.... Bushaltestelle?
.... U-Bahn-Station?	.... Parkplatz?
.... Disco?	.... Fitnessstudio?

das Café
die Disco
das Fitness studio

B4 **17** **Wo sind die Personen? Was passiert da? Schreiben Sie.**

A

Niko ist im Supermarkt. ....
Er kauft ein. ....

B

....
....

C

....
....

D
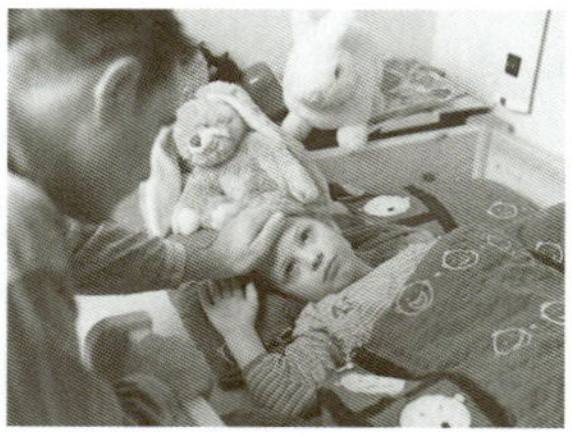

....
....

E

....
....

F

....
....

G

....
....

rammatik
ntdecken

18 Wo? Wohin? Unterstreichen Sie.

a ▲ Wo warst du am Samstag?
● Ich war bei Paul. Wir waren im Schwimmbad und dann in der Stadt.

b ■ Wohin fährst du denn?
▼ Ich fahre zu Denis. Wir gehen ins Schwimmbad und dann in die Stadt.

c ◆ Wohin gehst du?
● Zur Apotheke, ich brauche Aspirin.

d ▲ Was hast du in der Apotheke gekauft?
■ Aspirin.

e ▼ Was hast du gestern gemacht?
◆ Ich war im Deutschkurs und dann beim Arzt.

f ■ Was machst du heute?
● Zuerst gehe ich in den Deutschkurs und dann zum Arzt.

g ▲ Bist du heute Morgen mit dem Fahrrad in die Schule gefahren?
■ Ich war nicht in der Schule, ich bin krank.

h ▼ Gehst du mit ins Kino?
● Ach, ich habe keine Lust, ich war erst gestern im Kino.

i ▲ Wo wohnst du?
■ In Leipzig.

j ▼ Wohin fahren Sie?
● Nach Berlin.

k ▲ Die Party war langweilig. Ich bin schon um 10 Uhr nach Hause gegangen.
● Die Party war doch super! Ich war erst um zwei Uhr zu Hause.

Ergänzen Sie.

Wo?	Wohin?
........bei........ Paul	........zu........ Denis
.... Schwimmbad	.... Schwimmbad
.... Stadt	.... Stadt
.... Apotheke	.... Apotheke
.... Deutschkurs	.... Deutschkurs
.... Arzt	.... Arzt
.... Schule	.... Schule
.... Kino	.... Kino
.... Leipzig	.... Berlin
.... Hause	.... Hause

Sie ist **beim Arzt.**

C5 **19** **Ergänzen Sie.**

a ■ Hallo Herr Roth. Sie sehen ja toll aus! Waren Sie .... Friseur?
● Ja, gestern.

b ▲ Ich habe starke Zahnschmerzen. Ich muss ganz schnell .... Zahnarzt.
◆ Das tut mir aber leid.

c ● Gehen wir jetzt .... Hause?
▲ Ach nein. Komm, wir gehen noch ein bisschen .... Jutta.

d ▲ Kommst du mit .... Berlin?
● Nein, keine Lust. Ich war schon so oft .... Berlin.

e ▼ Wann sind Sie .... Deutschland gekommen?
■ 1984, ... Bochum. Jetzt lebe ich .... Mainz.
▼ Was haben Sie denn .... Bochum gemacht?

f ■ Hallo Eli, ist dein Bruder .... Hause?
● Nein, er ist .... Deutschkurs.

g ▼ Leben Ihre Eltern auch .... Deutschland?
◆ Nein, ... Türkei, ... Ankara.

h ▲ Wo hast du das Obst gekauft?
● .... Supermarkt.

i ◆ Du hast bald Urlaub. Wohin fährst du denn?
▼ .... Österreich oder .... Schweiz.

j ■ Ich muss schnell .... Post, der Brief ist dringend.
● Und ich muss .... Bank. Wir haben kein Geld mehr.

k ▲ Wann kommst du heute Abend .... Hause?
● So um acht.

C5 **20** **Machen Sie eine Übung für Ihre Partnerin/Ihren Partner.**

Herr Müller: Was macht er? Wo ist er?

Herr Müller geht __ Kino. Herr Müller ist __ Kino.

C5 **21** **Notieren Sie im Lerntagebuch.**

LERNTAGEBUCH

Wohin? →
in
+ den (der)
die (die)
das (das)
in das = ins

*Herr Roth geht **in die Stadt**.*

Wohin? →
zu
+ dem (der/das)
der (die)

zu dem = ...
zu der = ...

*Herr Roth geht **zum Friseur**.*

Wo? ●
in/bei/auf/unter/über/...
+ dem (der/das)
der (die)

in dem = ...
bei dem = ...

*Herr Roth ist **in der Stadt**.*
*Herr Roth ist **beim Friseur**.*

→ Portfolio

22 Lesen Sie und ergänzen Sie.

Die Bahn DB | Tolle Angebote für reiselustige Familien · Familien

www.bahn.de | Fahrpläne | Fahrkarten | Reisebüro | Angebote | Service | Int. Guests | Konzern | Presse

> Reiseauskunft · Ankunft/Abfahrt · Persönlicher Fahrplan · DB NachtZug · DB AutoZug · Rund um den Fahrplan · Flugauskunft

Ihre Anfrage · Anfrage · Auskunft · Auswahl · Kasse · Prüfen & Buchen · Hilfe

Detailansicht

Bahnhof/Haltestelle	Datum	Zeit	Gleis	Produkte	Bemerkungen
Heitersheim	04.09.	ab 09:20	1	RE 18068	RegionalExpress
Freiburg (Brsg) Hbf	04.09.	an 09:36	4		Fahrradmitnahme begrenzt möglich
Freiburg (Brsg) Hbf	04.09.03	ab 09:49	1	ICE 76	InterCityExpress
Hannover Hbf	04.09.03	an 14:18	8		BordRestaurant
Hannover Hbf	04.09.03	ab 14:44	11	IC 2038	InterCity Fahrradmitnahme reservierungspflichtig,
Bremen Hbf	04.09.03	an 15:51	2		Fahrradmitnahme begrenzt möglich, BordBistro

Dauer: 6:31; fährt täglich

Frau Hauser aus *Heitersheim* .... fährt nach ....
Sie fährt um .... Uhr ab und kommt um .... Uhr an.
In .... und in .... muss sie umsteigen.
Die Fahrt dauert ....

23 Ergänzen Sie.

a einsteigen • aussteigen • umsteigen

....

b die Ankunft • die Fahrkarte • die Abfahrt • der Fahrplan • der Schalter • die Durchsage

Bahnhof/Haltestelle	Datum	Zeit	Gleis
Heitersheim	04.09.	ab 09:20	1
Freiburg (Brsg) Hbf	04.09.	an 09:36	4

Bahnhof/Haltestelle	Datum	Zeit	Gleis
Ulm Hbf	31.07.	ab 10:05	1
Stuttgart Hbf	31.07.	an 11:06	9
Stuttgart Hbf	31.07.	ab 11:27	8
Mannheim Hbf	31.07.	an 12:05	3

Dauer: 2:00; fährt täglich

....

....

E3

24 Notieren Sie im Lerntagebuch. Ordnen Sie in Gruppen. Schreiben Sie auch in Ihrer Sprache.

~~Wo ist bitte der Fahrkartenautomat?~~ • Wo kann ich eine Fahrkarte kaufen? • ~~Wie bitte?~~ • ~~Entschuldigung, wo ist der Bahnhof?~~ • Wo muss ich umsteigen? • Wie weit ist es zum Bahnhof? • Können Sie das bitte noch mal sagen? • Eine Fahrkarte nach ... bitte. • Einfach. • Hin und zurück. • Wie komme ich zum Bahnhof? • Können Sie das bitte wiederholen? • Wo gibt es hier eine Bank? • Auf welchem Gleis fährt der Zug nach ... ab? • Entschuldigung, ich suche die Straßenbahnhaltestelle. • Wann geht der nächste Zug nach ...? • Entschuldigung, das habe ich nicht verstanden. • Wann komme ich in ... an?

LERNTAGEBUCH

Ich möchte eine Fahrkarte kaufen:
Wo ist bitte der Fahrkartenautomat? ...
...

Ich brauche eine Auskunft:
Entschuldigung, wo ist der Bahnhof? ...
...

Ich verstehe die Auskunft nicht:
Wie bitte? ...
...

→ Portfolio

E4

25 Was sagen die Personen? Schreiben Sie Gespräche.

Fährt hier der Bus nach Moosbach ab? • Entschuldigung, auf welchem Gleis fährt der Zug nach Ulm? • Dann bekomme ich den Anschluss in Frankfurt nicht mehr. • Entschuldigung, wie viel Verspätung hat der Zug?

E4
CD 3 15

26 Hören Sie und vergleichen Sie. Spielen Sie dann die Gespräche.

E4
Schreibtraining

27 Lesen Sie die SMS und antworten Sie Jessica.

Hallo Sabine,
komme am Freitag, 12.4.
um 18.05 an. O.k.?
Ich freue mich
Jessica

Straßenbahnhaltestelle: direkt vor dem Bahnhof • Linie 8 nehmen: Richtung Universität • bis zur Haltestelle Parkallee fahren • dort in den Bus 165 umsteigen • eine Station fahren • an der Haltestelle Schlossgarten aussteigen • an der Bäckerei rechts gehen • an der Ecke Birkenweg/Fürststraße wohne ich

Liebe Jessica,
klar ist das okay! Das ist super! Leider kann ich Dich nicht vom Bahnhof abholen. Ich muss nämlich bis 18 Uhr arbeiten. Aber der Weg zu mir ist ganz einfach: *Direkt vor dem Bahnhof ist die* ....

....

....

....

....

....

....

....

Projekt **28** **Sammeln Sie Informationen und machen Sie eine Wandzeitung.**

Öffentliche Verkehrsmittel in unserer Stadt

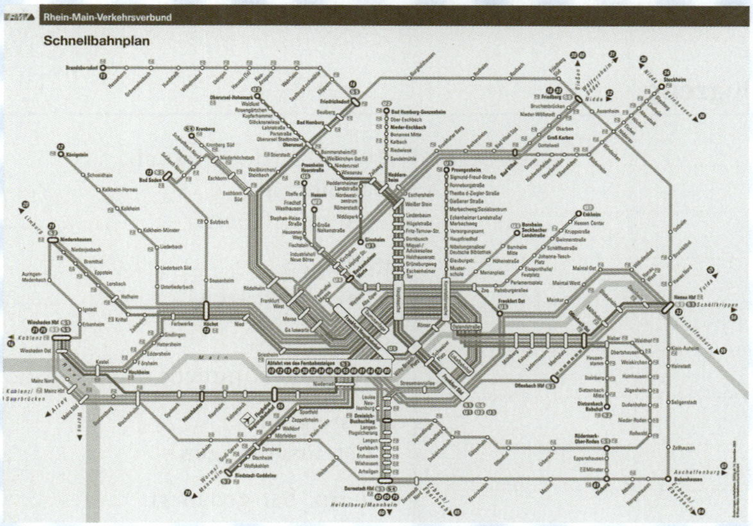

Preise:

Was man noch wissen muss:

Die Busse, die Straßenbahn, die U-Bahn fahren abends bis ... Uhr.

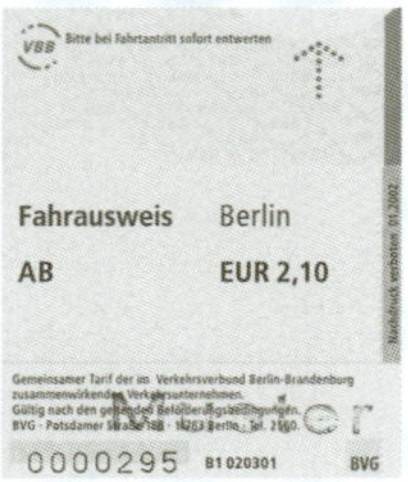

Reisen mit dem Zug.

Was bedeutet IC, ICE? ...
Was kostet eine Fahrkarte von Ihrem Wohnort nach Berlin?

- normaler Preis: ...
- Sparpreis: ...

Wie bekommt man einen Sparpreis? ...
Sie möchten um 16 Uhr in Berlin sein? Wann fährt der Zug ab? ...

Verkehrsmittel

(U-/S-)Bahn die, -en ……
Bus der, -se ……
Flugzeug das, -e ……
LKW der, -s ……
Straßenbahn die, -en ……
Zug der, -̈e ……

Richtungsangaben

geradeaus ……
links ……
rechts ……
(da) drüben ……
(da) vorne/hinten ……
(da) oben/unten ……

Unterwegs mit Zug/Flugzeug

Abfahrt die ……
Abflug der, -̈e ……
Anschluss der, -̈e ……
Ausgang der, -̈e ……
Bahnsteig der, -e ……
Bushaltestelle die, -n ……
Café das, -s ……
Durchsage die, -n ……
Fahrplan der, -̈e ……
Flug der, -̈e ……
Flughafen der, -̈ ……
Gepäck das ……
Gleis das, -e ……
Reisebüro das, -s ……
Schalter der, - ……
Stadtplan der, -̈e ……
Ticket das, -s ……
Verspätung die, -en ……

ab·fahren, du fährst ab, er fährt ab, (ist abgefahren) ……
ab·fliegen, (ist abgeflogen) ……
an·kommen, (ist angekommen) ……
aus·steigen, (ist ausgestiegen) ……
dauern, hat gedauert ……
ein·steigen, (ist eingestiegen) ……
fliegen, ist geflogen ……
um·steigen, (ist umgestiegen) ……

einfach ……
hin und zurück ……
unterwegs ……
weit ……
wie weit ……
zu weit ……

In der Stadt

Ampel die, -n	....
Bank die, -en	....
Bäckerei die, -en	....
Bücherei die, -n	....
Buchhandlung die, -en	....
Fußgängerzone die, -n	....
Haltestelle die, -n	....
Kiosk der, -e	....
Museum das, Museen	....
Parkplatz der, ¨e	....
Station die, -en	....

Weitere wichtige Wörter

Baum der, ¨e	....
Blume die, -n	....
Jugendliche der/die, -n	....
Nachbar der, -n	....
Nähe die	....
Plan der, ¨e	....
Sessel der, -	....
Treppe die, -n	....
Vorschlag der, ¨e	....
Weg der, -e	....
ab·holen, (hat abgeholt)	....
beginnen, hat begonnen	....
dabei·haben, hat dabeigehabt	....
hin·fallen, du fällst hin, er fällt hin, (ist hingefallen)	....
legen, hat gelegt	....
stehen, hat/ist gestanden	....
vorbei·gehen, (ist vorbeigegangen)	....
weiter·gehen, (ist weitergegangen)	....
zurück·kommen, (ist zurückgekommen)	....
direkt	....
erst-	....
fremd	....
pünktlich	....
dorthin	....
Wohin ...?	....
nach	....
an	....
auf	....
hinter	....
in	....
neben	....
über	....
unter	....
vor	....
zwischen	....
zu Fuß	....
in der Nähe	....
immer	....
schließlich	....
Achtung!	....

Gleich **nach der Arbeit** komme ich vorbei.

Wiederholung *Schritte plus 1 Lektion 5*

1 **Ergänzen Sie *vor* oder *nach*.**

13:15	18:45	09:20	07:55
Viertel .... eins.	Viertel .... sieben.	Zwanzig .... neun.	Fünf .... acht.

A1 **2** **Ergänzen Sie.**

Das ist Gabi … beim Training. • nach dem Training. • ~~vor dem Training~~.

vor dem Training........................ ....

A2 **3** **Ergänzen Sie *nach dem – nach der – nach den – vor dem – vor der – beim*.**

a ▲ Wann geht Bruno zu Niko?
● Gleich .... Arbeit. (arbeiten, dann zu Niko)

b ▼ Gehst du heute Abend ins Kino?
■ Ja, ... Sport. (Sport, dann Kino)

c ◆ Wann liest du die Zeitung?
● .... Frühstück. (Frühstück + Zeitung)

d ▲ Gehst du heute schwimmen?
■ Ja, ... Arbeit. (Arbeit, dann schwimmen)

e ◆ Siehst du am Abend fern?
■ Ja, ... Abendessen. (Abendessen + fernsehen)

f ▲ Wann musst du dein Medikament nehmen?
● .... Essen. (Medikament nehmen, dann essen)

g ▼ Wann gehst du einkaufen?
■ .... Arbeit. (einkaufen, dann arbeiten)

h ● Kann ich heute Nachmittag zu Eva gehen?
▲ Ja, aber erst .... Hausaufgaben. (Hausaufgaben, dann zu Eva gehen)

A2 Grammatik entdecken **4** **Ergänzen Sie.**

	der Sport	das Training	die Arbeit	die Hausaufgaben
vor/nach	*dem Sport*................	....	....	....
bei	*beim Sport*................	....	....	....

A2 Schreibtraining **5** **Marcos Tag. Schreiben Sie.**

6.30 aufstehen • joggen ← Frühstück •
Frühstück + Zeitung lesen • Frühstück → mit dem Fahrrad zur Arbeit fahren •
12.00 Mittagspause machen • Mittagessen + mit Kollegen sprechen •
Mittagessen → 20 Minuten spazieren gehen • bis 17.00 arbeiten •
Arbeit → sofort nach Hause fahren • Abendessen machen •
Abendessen + fernsehen • Abendessen → mit seiner Mutter telefonieren

← *vor*
\+ *bei*
→ *nach*

Marco steht um halb sieben auf. Vor dem Frühstück …

reibtraining

6 Und Ihr Tag? Was machen Sie vor dem Frühstück, vor dem Mittagessen, nach dem Mittagessen, ...? Schreiben Sie.

Vor dem Frühstück dusche ich. Beim ...

ederholung
hritte plus 2
ction 8

7 Ergänzen Sie *vor* oder *seit*.

▲ Hallo, Tina! Wie geht es dir? Ich habe dich ja .... fast drei Monaten nicht mehr gesehen.
● Danke, prima. Ich war doch in den USA. Ich bin erst .... einer Woche zurückgekommen.

8 Welche Antwort passt? Kreuzen Sie an.

a Meine Waschmaschine ist kaputt. Wann kannst du heute Abend vorbeikommen?
☐ Vor einer Stunde.
☐ Nach dem Unterricht.

b Wann hast du die Waschmaschine gekauft?
☐ Vor einem Monat.
☐ Seit einem Monat.

c Und seit wann ist sie kaputt?
☐ Nach drei Tagen.
☐ Seit einer Woche.

d Hast du mal wieder Zeit?
☐ Ja, nach den Prüfungen.
☐ Ja, bei den Prüfungen.

e Wartest du schon lange?
☐ Ja, seit einer Stunde.
☐ Ja, vor einer Stunde.

f Wann hattest du Urlaub?
☐ Vor zwei Wochen.
☐ Zwei Wochen.

rammatik
ntdecken

9 Ergänzen Sie *dem – der – den – einem – einer*.

der ...	das ...	die ...	die ... n
nach .... Unterricht	nach .... Essen	nach .... Schule	nach .... Prüfungen
vor .... Kurs	vor .... Frühstück	vor .... Reise	vor .... Prüfungen
vor *einem* ... Monat	vor .... Jahr	vor .... Stunde	vor zwei Wochen
seit *einem* ... Tag	seit .... Jahr	seit .... Woche	seit drei Tage**n**

10 Ergänzen Sie *seit – bei der – beim – vor dem – nach dem – nach der – vor einem – vor einer*.

a Ich habe die Waschmaschine erst ....*vor*......... ..*einem*..... Monat gekauft, aber .... drei Tagen funktioniert sie nicht mehr.

b ▲ Wann haben Sie Ihren Kühlschrank gekauft?
● .... Jahr.

c ▼ Wann hast du Geburtstag?
◆ Ich hatte schon .... Woche.

d ■ Wann gehst du immer zum Training?
▲ Am Mittwoch Abend .... Arbeit.

e Ich warte hier schon .... zwei Stunden.

f .... Arbeit darfst du nicht rauchen.

g Machen wir noch einen Spaziergang .... Essen? Dann haben wir so richtig Hunger. Und .... Mittagessen möchte ich gern eine Stunde schlafen.

B3 **11** **Ordnen Sie zu und schreiben Sie.**

in einer
in einem
in zwei

	Stunden	*in zwei Stunden* ....
in einer	Tag	....
	Woche	....
in einem	Monaten	....
	Stunde	....
in zwei	Jahr	....
	Wochen	....
	Monat	....
	Jahren	....

B3 **12** **Ergänzen Sie *bis* – *ab* – *in*.**

a
▲ Wann kann ich Sie morgen anrufen?
● .... acht Uhr bin ich in der Arbeit.
▲ Und wie lange?
● .... zwölf Uhr, dann habe ich Mittagspause.

b
▼ Wie lange brauchst du für die Hausaufgaben?
■ .... vier Uhr.
▼ Ich muss .... fünf Uhr arbeiten. Dann können wir .... fünf Uhr etwas zusammen machen.

c
◆ Wann fährst du nach Berlin?
● Am Montag. Also .... einer Woche.
◆ Und wie lange bleibst du dort?
● .... Samstag.

d
▲ Hallo Tanja, ist Iris da?
■ Nein, sie hat .... sechs Uhr Kurs, sie kommt aber sicher gleich.
▲ Gut, dann rufe ich .... einer Stunde wieder an.

B3 **13** **Ergänzen Sie *in* – *ab* – *bis* – *um* – *am*.**

a
■ Bis wann können Sie den Fernseher reparieren?
● .... Samstag.
■ Holen Sie ihn heute noch?
● Ja, ... einer Stunde.

b
▲ Wann kommen Sie?
◆ .... 15 Uhr. Sind Sie da zu Hause?
▲ Ja, ich bin .... 14 Uhr zu Hause.

c
▼ Wann kann ich den Drucker abholen?
● .... 17 Uhr. Wir haben .... 19 Uhr geöffnet.

d
▲ Wann bringen Sie das Gerät wieder?
■ .... Freitag.

e
◆ Wann kann ich Sie morgen anrufen?
▼ .... sieben Uhr und ich bin .... sechzehn Uhr da.

B3 **14** **Welche Antwort passt? Kreuzen Sie an.**

a Wann soll ich anrufen?
☐ In 20 Minuten.
☐ Vor 20 Minuten.

b Wann bist du zu Hause?
☐ Seit 15 Uhr.
☐ Ab 15 Uhr.

c Wann kommst du nach Hause?
☐ Bis 15 Uhr.
☐ Nach 15 Uhr.

d Wie lange arbeitest du heute?
☐ Bis 18 Uhr.
☐ Ab 18 Uhr.

e Wann kann ich anrufen?
☐ Seit 7 Uhr.
☐ Ab 7 Uhr.

f Wie lange bist du schon da?
☐ Seit halb neun.
☐ Ab halb neun.

15 Ergänzen Sie die Fragen *Wann? – Wie lange? – Ab wann? – Seit wann? – Bis wann?*

a ● .... können Sie kommen? ▲ In einer Stunde.
b ● .... brauchen Sie für die Reparatur? ▲ Bis morgen.
c ● .... müssen wir die Hausaufgaben machen? ▲ Bis Donnerstag.
d ● .... haben Sie Urlaub? ▲ Ab Freitag.
e ● .... kommt unser Bus? ▲ In 5 Minuten.
f ● .... ist deine Schwester da? ▲ Seit gestern.
g ● .... telefonierst du noch? ▲ Noch 5 Minuten.

16 Welche Antworten passen? Kreuzen Sie an.

a Wann hast du Urlaub?
☐ Vor einer Woche.
☒ In einer Woche.
☒ Ab Montag.

b Wie lange hast du schon Urlaub?
☐ Seit Montag.
☐ Drei Tage.
☐ Bis Freitag.

c Wie lange hast du noch Urlaub?
☐ Ab Samstag.
☐ Noch vier Tage.
☐ Bis Freitag.

d Wann hattest du Geburtstag?
☐ Im August.
☐ Morgen.
☐ Vor zwei Tagen.

e Wann kommen deine Eltern zu Besuch?
☐ Nach zwei Wochen.
☐ In zwei Wochen.
☐ Am Sonntag.

f Wie lange bleiben deine Eltern zu Besuch?
☐ Bis September.
☐ Im September.
☐ Zwei Monate.

g Wie lange hast du deine Eltern nicht gesehen?
☐ Bis nächste Woche.
☐ Fünf Monate.
☐ Seit fünf Monaten.

h Wann hast du den Führerschein gemacht?
☐ Vor fünf Monaten.
☐ Seit fünf Monaten.
☐ 2003.

17 Schreiben Sie ein Gespräch.

● *Meine Kaffeemaschine funktioniert nicht mehr. Bis wann können Sie sie reparieren?*
▲ ...

18 Ergänzen Sie im Lerntagebuch.

LERNTAGEBUCH

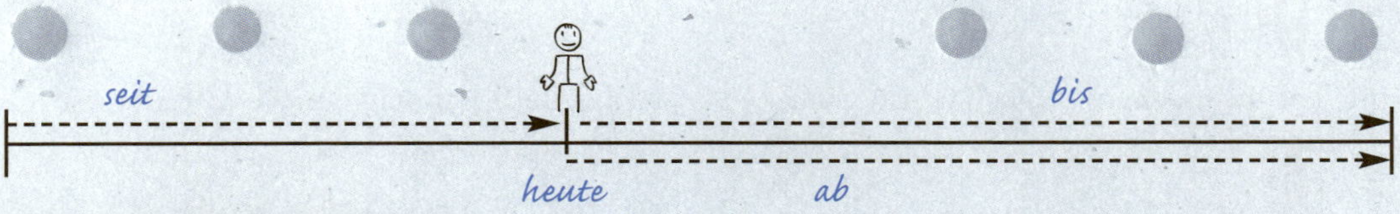

Notieren Sie Beispiele:

ab: *Ab heute ...*
seit: *Er wohnt seit ...*
bis: *Ich bleibe bis ...*

Portfolio

C2

19 Bitten Sie sehr höflich.

a Meine Waschmaschine ist kaputt. Kommen Sie doch bitte vorbei.
Könnten Sie bitte vorbeikommen? ....
Würden Sie ....

b Wo ist die Goethestraße? Erklären Sie mir bitte den Weg.
....
....

c Tut mir leid, Herr Schneider ist nicht da. Rufen Sie bitte später noch einmal an.
....
....

d Ich komme gleich. Warten Sie bitte einen Moment hier.
....
....

e Papa, mein Fahrrad ist kaputt. Reparier es bitte.
....
....

f He, Carola, ich habe kein Geld mehr. Leihst du mir bitte 10 Euro?
....
....

g Du darfst hier nicht telefonieren. Mach bitte dein Handy aus.
....
....

h Hallo Mareike, bist du gut in Paris angekommen? Ruf mich bitte bald an.
....
....

C3

20 Ergänzen Sie *an* – ~~*auf*~~ – *aus* – *zu*.

a

die Tür aufmachen

Die Tür ist auf..... .

c

das Radio anmachen

Das Radio ist ....

b

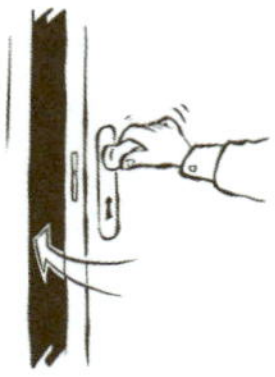
die Tür zumachen

Die Tür ist ....

d

das Radio ausmachen

Das Radio ist ....

21 **Was antwortet der Mann? Ergänzen Sie.**

- ● Erwin, hast du den Herd ausgemacht?
- ▲ *Aber ja, der Herd ist aus.* ……………………
- ● Hast du die Balkontür zugemacht?
- ▲ *Aber sicher. Die* ……………………
- ● Hast du überall das Licht ausgemacht?
- ▲ *Natürlich. Das* ……………………
- ● Ist das Radio vielleicht noch an?
- ▲ *Nein! Das* ……………………
- ● Und die Fenster?
- ▲ *O je! Die* ……………………

22 **Ordnen Sie zu.**

~~Urlaub~~ ● Radio ● Tür ● Buch ● ~~Fernseher~~ ● Computer ● Augen ● Party ● Schrank ● Licht ● Fenster ● Heizung ● Plan ● Mund ● Essen ● Herd ● Kuchen ● Kurs ● Dose ● Flasche ● Laden ● ~~Reise~~

machen	anmachen, ausmachen	aufmachen, zumachen
Urlaub *eine Reise*	*den Fernseher*	

Phonetik 16 **23** **Hören Sie und markieren Sie die Betonung. Sprechen Sie dann nach.**

Hast du die Wáschmaschine ausgemacht? – Aber ja, die Waschmaschine ist aus. ●
Hast du die Haustür zugemacht? – Aber sicher. Die Haustür ist zu. ●
Hast du überall das Licht ausgemacht? – Natürlich. Das Licht ist überall aus. ●
Ist das Radio vielleicht noch an? – Nein! Das Radio ist auch aus.

Phonetik 17 **24** **Hören Sie und sprechen Sie nach.**

die Rechnung ● die Zeitung ● die Wohnung ● die Einladung ● der Junge ● der Finger ● der Empfänger ● anfangen ● mitbringen ● langsam ● langweilig ● Ich habe Hunger. ● Entschuldigung, die Übung ist langweilig! ● Wie lange? ● Schon sehr lange.

Notieren Sie andere Wörter mit *ng* und lesen Sie laut.

D4 Prüfung **25** **Welche Anzeige passt?**

a Sie haben einen neuen Computer und verstehen nicht alles. Jemand soll kommen und Ihnen helfen.

A ☐

Ihr PC streikt?
Pauschalpreisreparatur
Firma PC-Service-Netzwerk
www.edv-bernau.com
Tel. 0160/85 55 44

B ☐

PC-Probleme?
Komme zu Ihnen nach Hause und erkläre Ihnen alles rund um den PC.
Tel. 0170/321 50 24

b Frau Klein ist 80 Jahre alt und kann nicht mehr aus dem Haus gehen.

A ☐

Sie kommen in den Laden und kaufen ein – Wir liefern
Ab € 50,- bringen wir Ihnen Ihren Einkauf nach Hause.
Frisch-Markt
Der Spezialist für Obst und Gemüse

B ☐

Student mit Pkw erledigt alle Ihre Einkäufe
Mi und Do ab 15 Uhr
Rufen Sie an 0170 / 325 44 10

c Sven, Markus, Lea und Birgit möchten an ihrem 18. Geburtstag eine große Party mit Musik machen.

A ☐

Der Partymacher
Die Mobil-Disco –
damit Ihr Fest zur Party wird.
Tel./Fax: 0761–461617

B ☐

So wird jede Party ein Erlebnis!
Clown Jo hat Programm für (Kinder)Geburtstage, Familienfeste, Firmenfeste und und und ...
Rufen Sie an: 0160 / 7679777

d Ihre Waschmaschine ist kaputt, aber man kann sie reparieren.

A ☐

Gebraucht und doch wie neu!
Waschmaschinen, Kühlschränke und andere Elektrogeräte.
Viele preiswerte Angebote
STECKDOSE, Schulstraße, Harthausen

B ☐

Was ist kaputt?
Repariere alles, bes. spezialisiert auf Elektrogeräte.
Rufen Sie an: 0173 / 331634

D4 Schreibtraining **26** **Können Sie auch einen Service anbieten? Schreiben Sie eine Anzeige. Was können Sie? Was möchten Sie anbieten?**

einkaufen • putzen • babysitten • …

Biete: ....
....
....
Kontakt: ....

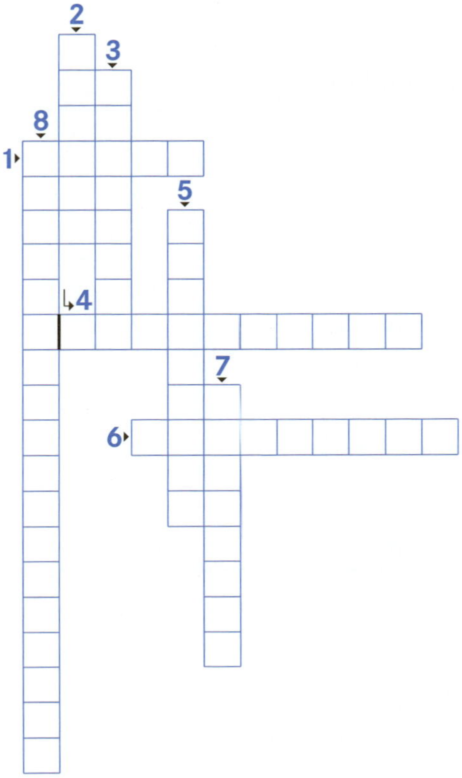

4 **27** **Ergänzen Sie das Kreuzworträtsel.**

a ■ Mein Fernseher funktioniert nicht.
Das (1) ist erst drei Monate alt.
◆ Was für ein (2) ist es?

b Das Gerät ist erst drei Monate alt. Ich habe noch (3).

c Mein Drucker ist kaputt. Können Sie das Gerät (4) und was kostet die (5)?

d Nikos Waschmaschine läuft nicht.
Der Stecker ist nicht in der (6).

e Die Reparatur kostet 350,- Euro. Hier ist die (7).

f Sie wollen wissen, wie ein Gerät funktioniert?
Dann lesen Sie die (8).

4 **28** **Machen Sie eine Buchstabenkette.**

die Rechnung – das Gerät – das Telefon – ....

4 **29** **Finden Sie Wörter mit demselben Buchstaben.**

die Augen aufmachen – viel verdienen – meine Schwester schwimmt schnell – ....

4 Projekt **30** **Serviceleistungen**
Was kann man in den Gelben Seiten oder in anderen Branchenbüchern zum Thema „Serviceleistungen" finden?

en
idung u.
tung 127
hmuck 127
uck 127
idung u.
tung 127
l.
ienste 127
araturen 114
en 127
sen 249
e.............. 127
.... 172
.... 191
en 127
enste 210

Chemische Laboratorien
→ Laboratorien 197
Chinesische Medizin 130
Chiropraktik 130
CNC-Bearbeitung 130
Compact-Disks
→ CD's u. Schallplatten 130
Computer 130
→ Datenverarbeitungs-anlagen 134
Computernotdienste 131
Computerreparaturen
→ Computernotdienste 131
Computerunterricht 131
→ Unterricht 270
Container................. 131
Containerbau 131

Displays..
Dokumenta
→ Informati
Dokumer
→ Technisc
Dokumer
Dolmetsch
→ Übersetz
Draht u. Dr
→ Metallwa
Drechslere
Drogeriewa
Drucker ..
Druckereib
→ Druckere
Druckereie
→ Offsetdru
→ Siebdruc

a Suchen Sie im Stichwortverzeichnis.
- ■ Computer
- ■ Kundendienst
- ■ Fahrrad
- ■ Kindertagesstätten
- ■ Familie und Gesundheit

b Sie haben Ihren Wohnungsschlüssel verloren.
Wo finden Sie Hilfe? Suchen Sie im Stichwortverzeichnis.

Lernwortschatz

Kundendienst

Garantie die, -n ....

Gebrauchsanweisung die, -en ....

Rechnung die, -en ....

Reparatur die, -en ....

Reparaturdienst der, -e ....

Service der, -s ....

Taste die, -n ....

Techniker der, - ....

funktionieren, (hat funktioniert) ....

reparieren, (hat repariert) ....

kaputt ....

Telefon

Anrufbeantworter der, - ....

Ansage die, -n ....

Anschluss der, ¨-e ....

Nachricht die, -en ....

wählen, hat gewählt ....

zurück·rufen, (hat zurückgerufen) ....

verbunden (mit) ....

unter der Nummer ... .

Im Büro

Bleistift der, -e ....

Drucker der, - ....

Gerät das, -e ....

Mitarbeiter der, - ....

Radio das, -s ....

Faxgerät das, -e ....

Schreiben das, - ....

Team das, -s ....

buchen, hat gebucht ....

verschicken, (hat verschickt) ....

Weitere wichtige Wörter

Angebot das, -e ....

Autovermietung die, -en ....

Bahn die, -en ....

Briefmarke die, -n ....

Brille die, -n ....

Feuer das, - ....

Heizung die, -en ....

Hose die, -n ....

Innenstadt die, ¨-e ....

Konzert das, -e ....

Leistung die, -en ....

Licht das, -er ....

Marke die, -n ....

Modell das, -e ....

Ober der, -	....
Programm das, -e	....
Schritt der, -e	....
Seite die, -n	....
Sekunde die, -n	....
Spaziergang der, ¨-e	....
Stadtplan der, ¨-e	....
Steckdose die, -n	....
Stecker der, -	....
Tür die, -en	....
Wäscheservice der, -s	....
an·bieten, (hat angeboten)	....
auf·machen, (hat aufgemacht)	....
auf sein, ist auf gewesen	....
zu·machen, (hat zugemacht)	....
zu sein, ist zu gewesen	....
an·machen, (hat angemacht)	....
an sein, ist an gewesen	....
aus·machen, (hat ausgemacht)	....
aus sein, ist aus gewesen	....
aus·schalten, (hat ausgeschaltet)	....
ein·schalten, (hat eingeschaltet)	....
benutzen, (hat benutzt)	....
bestellen, (hat bestellt)	....
da sein, ist da gewesen	....
danken, hat gedankt	....
drücken, hat gedrückt	....
ein·setzen, (hat eingesetzt)	....
erreichen, (hat erreicht)	....
heraus·nehmen, (hat herausgenommen)	....
informieren, (hat informiert)	....
leihen, hat geliehen	....
reservieren, (hat reserviert)	....
schließen, hat geschlossen	....
stecken, hat gesteckt	....
tragen, du trägst, er trägt, hat getragen	....
vergessen, (hat vergessen)	....
vermieten, (hat vermietet)	....
(sich) waschen, hat gewaschen	....
billig	....
dunkel	....
fest	....
geheim	....
unfreundlich	....
wenig	....
ab (wann)	....
bis (wann/später/...)	....
anders	....
etwas	....
meistens	....
ziemlich	....

Oh, sieh mal, **die Hose**! **Die** ist toll!

A1 **1** **Ergänzen Sie *ein – einen – eine – der – den – das – die***

Niko kauft .... Hose, ... Hemd, ... Pullover. .... Hemd ist hellblau und .... Pullover ist braun. Sabine findet .... Hose ganz toll und .... Pullover auch sehr schön.

A1 **2** **Ergänzen Sie.**

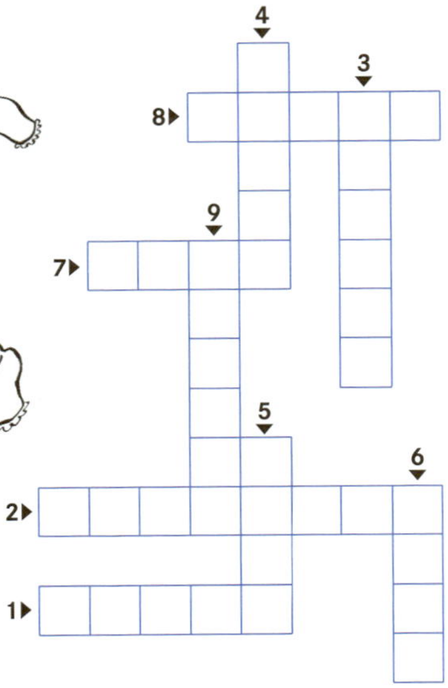

A2 **3** **Ergänzen Sie *der – den – das – die*.**

a
▲ Na, wie ist die Hose?
● .... ist super.
▲ Und der Pullover?
● .... auch.

b
▼ Sieh mal, das Hemd.
■ .... ist schön, aber zu teuer.
▼ Und wie findest du den Mantel?
■ .... finde ich nicht so schön.

c
▲ Wie findest du meinen Rock?
● .... finde ich schön.
▲ Und die Schuhe?
● .... finde ich auch gut.

d
▼ Wie findest du die Musik?
■ .... ist super!

e
▲ Wie war denn der Film?
● .... war langweilig.

CD 3 18 **Hören Sie und vergleichen Sie. Spielen Sie die Gespräche.**

A2 **4** **Ergänzen Sie *der – den – die – das*.**

a
● Sieh mal, ... Mantel.
■ .... ist langweilig.
● Was? .... finde ich klasse.

b
▲ Wie findest du .... Pullover?
◆ .... finde ich gut.
▲ Und .... Jacke?
◆ .... auch.

c
■ Wie findest du .... Hose?
▲ Oh, ... kostet ja 90 Euro.
■ Aber .... ist doch toll.

d
● Wo hast du .... Fernseher gekauft?
■ .... habe ich im E-Markt gekauft.

e
▲ Gehst du jetzt zum Deutschunterricht?
◆ Nein, ... ist erst um 17 Uhr.

f
■ Hast du .... Regal für 200 oder .... für 350 Euro gekauft?
● .... für 200 Euro.

g
▲ Willst du jetzt .... Wohnung in der Goethestraße mieten oder nicht?
■ Nein, ... ist zu teuer.

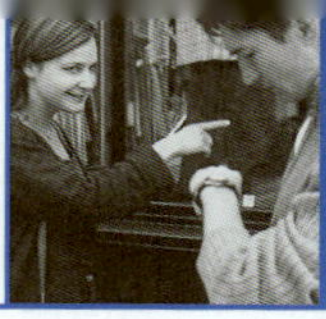

5 Ordnen Sie zu und ergänzen Sie.

a ● Da kommt unser Bus.
b ● Findest du den Computer auch sehr günstig?
c ● Dein Mantel ist sehr schön.
d ● Na, wie war das Wochenende?
e ● Seit wann hast du ein Auto?
f ● Kennst du Marions Freund?
g ● Sollen wir noch Orangensaft kaufen?
h ● Ich brauche einen Stift.

▲ Nein, ... kenne ich nicht.
▲ .... war klasse!
▲ Nein, ... finde ich teuer.
▲ Nein, das ist nicht unser Bus. .... können wir nicht nehmen.
▲ Ja, finde ich auch. .... war gar nicht teuer.
▲ .... habe ich seit drei Monaten. Mit dem fahren wir nach Spanien.
▲ Nimm doch .... da!
▲ Nein, ... ist nicht gut. Nimm doch den Apfelsaft!

6 Ergänzen Sie.

~~billig~~ ● langweilig ● krank ● kurz ● neu ● klein ● schwarz ● warm ● breit ● hässlich ● leise ● richtig

teuer	≠	*billig*	alt	≠	....
sehr schön	≠	....	interessant	≠	....
falsch	≠	....	groß	≠	....
lang	≠	....	schmal	≠	....
weiß	≠	....	kalt	≠	....
gesund	≠	....	laut	≠	....

7 Was passt?

~~teuer~~ ● billig ● günstig ● alt ● neu ● modern ● schön ● hässlich ● breit ● schmal ● groß ● klein ● lang ● kurz ● laut ● leise ● gut ● langweilig ● interessant

Haus/Wohnung: *teuer,* ....

....

Straße: ....

....

Buch: ....

....

Text: ....

....

Musik: ....

8 Notieren Sie im Lerntagebuch.

Was kann *super/toll/klasse*, *langweilig*, *günstig*, *falsch* sein?

LERNTAGEBUCH

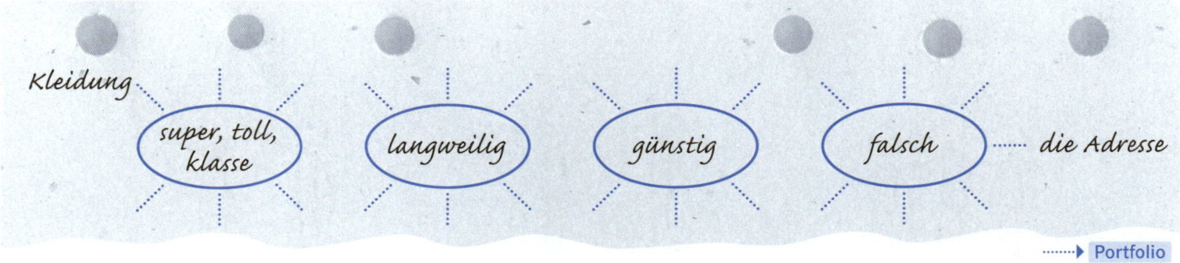

Portfolio

B4

9 Ordnen Sie zu und ergänzen Sie *mir – dir – Ihnen*.

Nein, die gehört … nicht. ● Doch, die gefällt … gut, aber sie ist sehr teuer. ● Die passt … super, aber die Farbe gefällt … nicht. ● Aber die passt … doch nicht!

A

● Passt *Ihnen*........................ die Hose?

■ ....

....

B

▲ Gefällt .... die Bluse nicht?

◆ ....

....

C

■ Schau mal, die Hose gefällt ....

▲ ....

D

◆ Entschuldigung, gehört die Zeitung ....?

● ....

B4
Grammatik entdecken

10 Ergänzen Sie.

11 **Schreiben Sie die Sätze mit *gehören*.**

a	Das ist nicht mein Fahrrad.	Das Fahrrad gehört mir nicht.
b	Ist das dein Fahrrad?	....
c	Ist das Michaels Fahrrad?	Gehört das Fahrrad ihm?
d	Ist das Tanjas Fahrrad?	....
e	Sind das unsere Bücher?	....
f	Sind das eure Bücher?	....
g	Ist das Martins und Annes Haus?	....
h	Frau Koch, ist das Ihr Fahrrad?	....

12 **Ersetzen Sie die unterstrichenen Wörter durch *er – sie – es – ihr – ihm*.**

Bernds Freundin Rosa hat Geburtstag.	Bernds Freundin Rosa hat Geburtstag.
Bernd kauft Rosa einen Blumenstrauß.	Er kauft ihr einen Blumenstrauß.
Rosa möchte mit Bernd essen gehen	Rosa möchte mit Bernd essen gehen
und Rosa möchte Bernd gefallen.	und ....
Rosa hat ein super Kleid gekauft,	Rosa hat ein super Kleid gekauft,
das Kleid passt Rosa aber leider nicht.	....
Aber Rosa hat noch ein tolles Kleid.	Aber Rosa hat noch ein tolles Kleid.
Das Kleid gehört Mira, Mira hat	....
es Rosa geliehen.	....

13 **Was bringen Sie mit? Ergänzen Sie.**

Sie besuchen	Ihren Bruder. Er kocht gerne.	(ein Kochbuch) Ich bringe ihm ein Kochbuch mit.
	Ihre Schwester. Sie liest gerne.	(ein Buch) Ich ....
	Freunde. Sie hören gerne Musik.	(eine CD) Ich ....
	Und was bringst du uns mit?	(ein Spiel) Ich ....

Phetik 3 19

14 **Hören Sie und sprechen Sie nach.**

am meisten • am Mittwoch • in Norddeutschland • aus Salzburg •
mit dem Bus • Maria und Theo • Und du? • Gefällt dir das? • Wie findest du das? •
Wo ist denn Niko? • Sind das seine Bücher? • Wohnst du in Nürnberg? •
Kommst du aus Salzburg? • Fährst du mit dem Fahrrad? • Was ist denn das? •
Mein Name ist Thea. • Das Hemd ist teuer, aber es sieht toll aus.

C Mit Hemd siehst du gleich viel **besser** aus.

C3

15 Welche Antwort passt? Kreuzen Sie an.
Lesen Sie noch einmal den Text C3 im Kursbuch auf Seite 66.

a Fährt Christian Adam gerne Fahrrad?
☐ Ja, aber er spielt lieber Geige.
☐ Ja, er fährt am liebsten Fahrrad.

b Christian Adam fährt gerne Rad und noch lieber spielt er Geige. Was macht er am liebsten?
☐ Fahrrad fahren.
☐ Beides zusammen.

c Was trainiert Christian Adam am meisten? Fahrrad fahren oder Geige spielen?
☐ Beides zusammen: Fahrrad fahren und Geige spielen.
☐ Natürlich Geige spielen. Er ist ja Musiker von Beruf.

C3

16 Schreiben Sie.
Was machen diese Personen in ihrer Freizeit?

Herr Sahin: + spazieren gehen
Frau Sahin: ++ Picknick machen

Frau Hagner: + ins Kino gehen
Herr Hagner: ++ tanzen gehen

Herr Klein: + fernsehen
Frau Klein: ++ lesen

Jamila: + Karten spielen
Bruder Omar: ++ fernsehen

Herr Sahin geht gern spazieren, aber seine Frau macht lieber Picknick. Frau Hagner …

C3

17 Ergänzen Sie *mehr – besser – lieber* (++), *am meisten – am besten – am liebsten* (+++).

a ● Frau Meinert, Sie sprechen drei Sprachen?
▲ Ja, ich spreche gut Englisch, Französisch und Spanisch. Spanisch spreche ich .... (+++).

b ■ Was machen wir am Wochenende? Möchtest du eine Radtour machen?
▲ Nicht so gern. Ich möchte .... (++) zu Hause bleiben.

c ● Geht es dir gut? ▲ Ich war krank, aber jetzt geht es mir wieder .... (++).

d Im E-Markt kostet der Kasten Mineralwasser 2 Euro 98, bei Topfit kostet er noch .... (++) und .... (+++) kostet er bei Superspar, nämlich 3 Euro 99.

e ■ Wie hat dir der Urlaub gefallen?
● Gut, aber der Urlaub im letzten Jahr hat mir .... (++) gefallen.

f Ich mache viel Sport, aber meine Frau macht noch .... (++) Sport, sie geht jeden Tag ins Fitness-Center.

g ◆ Was machst du am Wochenende?
▲ Ich gehe gern tanzen oder ins Kino, aber .... (+++) koche ich.

18 Ergänzen Sie *Welcher – Welches – Welche – Dieser – Dieses – Diese*.

a ■ *Welcher*............ Regenschirm gehört dir? ● *Dieser*....... hier.
b ■ .... Fahrrad gehört dir? ● .... hier.
c ■ .... Koffer gehören euch? ● .... hier.
d ■ .... Buch gehört dir? ● .... hier.
e ■ .... Tasche gehört Ihnen? ● .... hier.

f ▲ Sieh mal,
die Pullover. .... Pullover gefällt dir? ◆ .... hier.
die Hemden. .... Hemd gefällt dir? ◆ .... hier.
die Hosen. .... Hose gefällt dir? ◆ .... hier.
die Röcke. .... Rock gefällt dir? ◆ .... hier.
die Schuhe. .... Schuhe gefallen dir? ◆ .... hier.

19 Ordnen Sie zu und ergänzen Sie *Dieser – Diesen – Dieses – Diese*.

■ Welcher
■ Welchen
■ Welches
■ Welche

Fahrrad soll ich kaufen? ● *Dieses*................ hier ist nicht so teuer, aber gut.
Buch möchtest du? ● .... da.
Schuhe soll ich anziehen? ● .... passen gut.
Rock findest du besser? ● .... da.
Pullover gefällt dir besser? ● .... hier.
Pizza möchtest du lieber? ● .... hier, mit Käse und Tomaten.
Kuchen möchtest du? ● .... da.
Computer soll ich kaufen? ● .... finde ich sehr günstig.

20 Ergänzen Sie *dieser – dieses – diese – welcher – welchen – welches – welche*.

a ▲ Gehen wir .... Wochenende ins Kino? ● Ja gern. .... Film möchtest du sehen?
b ■ Sag mal, ... Übungen sollen wir machen? ◆ .... da.
c ● .... Formular muss ich ausfüllen? ■ .... hier.
d ◆ Hast du .... dicke Buch hier gekauft? ▲ .... meinst du?
◆ Na, ... da, die Grammatik der deutschen Sprache.
e ● .... Land liegt im Westen von Deutschland? ■ Belgien.
f ▲ .... Bus fährt zum Bahnhof? ■ .... da, die Nummer 5.

21 Notieren Sie im Lerntagebuch: Was mögen Sie? Was mögen Sie nicht?

LERNTAGEBUCH

	Was mag ich?	Was mag ich nicht?
Farben:	Ich mag Rot und Blau.	Grün, Gelb und Braun mag ich nicht.
Essen:	Ich mag Schokolade. Ich mag Gulasch.	Ich mag kein Gemüse.
...	...	...

Portfolio

E3

22 Welche Antwort passt?

a Wie steht mir die Farbe?
- ☐ Sehr gut.
- ☐ Sie ist zu eng.
- ☐ Gibt es die auch in Schwarz?

b Passt Ihnen die Hose?
- ☐ Ja, sie ist zu lang.
- ☐ Ja, sie ist sehr günstig.
- ☐ Ja, sie ist genau richtig.

c Gefällt Ihnen die Jacke?
- ☐ Welche steht mir besser?
- ☐ Ja, aber sie passt mir nicht.
- ☐ Wo kann ich sie bezahlen?

d Welcher Rock steht mir besser?
- ☐ Den da.
- ☐ Größe 38.
- ☐ Der blaue da.

e Ich mag Rot sehr gern.
- ☐ Den finde ich nicht so gut.
- ☐ Ich auch.
- ☐ Das ist zu teuer.

f Wo kann ich den Rock anprobieren?
- ☐ Hier bitte.
- ☐ Welche Größe brauchen Sie?
- ☐ Den habe ich nur in Blau.

E3

23 Was passt zusammen? Schreiben Sie.

a Entschuldigung, wo finde ich Sportkleidung?
b Welche Farbe steht mir besser? Rot oder Blau?
c Gibt es den Pullover auch in Weiß?
d Entschuldigung. Wo kann ich das bezahlen?
e Haben Sie die Hose auch in 38?
f Können Sie mir bitte helfen?

Tut mir leid, den habe ich nur in Blau. ●
Im Obergeschoss. ●
Ja, gerne. Was suchen Sie? ●
An der Kasse dort hinten rechts. ●
Nein, leider nur noch in dieser Größe. ●
Rot steht Ihnen sehr gut.

a ■ *Entschuldigung, wo finde ich Sportkleidung?* ....
● ....

b ▲ ....
....
● ....

c ◆ ....
....
▲ ....
....

d ◆ ....
....
● ....

e ■ ....
....
▲ ....
....

f ● ....
◆ ....

E3

24 Wer sagt das? Verkäuferin (V) oder Kundin (K)?

Können Sie mir bitte helfen? Ich suche eine Hose. *K*
Gut, die passt mir. Grau ist auch nicht schlecht. ☐
Ja, gern. Welche Größe haben Sie? ☐
Schwarz oder Blau. ☐
Und welche Farbe hätten Sie gern? ☐
Gut, dann probiere ich sie mal an. ☐
Aber in Grau habe ich sie auch in 42. Hier bitte. ☐
Leider nicht. Die habe ich nur in dieser Größe. ☐
Und? Passt Ihnen die Hose? ☐
Ich brauche Größe 40. ☐
Na ja, sie ist ein bisschen klein. Haben Sie die auch in 42? ☐
Hier habe ich eine schöne in Schwarz. ☐

3 20 **Ordnen Sie das Gespräch. Hören Sie dann und vergleichen Sie.**

K Können Sie mir bitte helfen? Ich suche eine Hose.
V Ja, gern. Welche …

25 Ergänzen Sie die Gespräche.

a ● Schade, die Schuhe sind zu klein. *Haben Sie* ……………………………………
■ Nein, tut mir leid. Die habe ich nur in dieser Größe.

b ▲ ……………………………………………………………………………
■ Rot steht Ihnen besonders gut.

c ▲ Können Sie mir bitte helfen? ……………………………………………
● Welche Größe haben Sie?
▲ ……………………………………………

d ■ Gefällt Ihnen die Bluse nicht?
● Doch, aber ……………………………
■ Leider habe ich die nur in dieser Größe.

Prüfung

26 Fragen Sie und antworten Sie.

Einkaufen **Hose**	Einkaufen **Rock**	Einkaufen **Mantel**	Einkaufen **Pullover**	Einkaufen **Fernseher**	Einkaufen **Blumen**
Einkaufen **Fahrrad**	Einkaufen **Fotoapparat**	Einkaufen **Brot**	Einkaufen **Lieblingsessen**	Einkaufen **Kuchen**	Einkaufen **Kaffee**

eibtraining

27 Wählen Sie eine Situation und schreiben Sie eine E-Mail.

A Eine Freundin / Ein Freund fährt bald in Urlaub, nach Marokko. Sie/Er soll etwas mitbringen: zwei T-Shirts von „Onyx“. Sie finden die ganz toll und sie sind dort sicher günstig. Nennen Sie die Größe und Farbe. Danken Sie – Gruß.

Liebe/r ….,
Du fährst ja bald in Urlaub …

B Eine Freundin / Ein Freund fährt am Wochenende nach München zum Spiel vom FC Bayern. Sie/Er soll etwas mitbringen: eine Baseballcap und eine Jacke aus dem Fan-Shop. Nennen Sie die Größe. Danken Sie – Gruß.

Liebe/r ….,
Du fährst ja am Wochenende nach München …

Kleidung

Kleidung die ....

Größe die, -n ....

Bluse die, -n ....

Brille die, -n ....

Gürtel der, - ....

Haarfarbe die, -n ....

Hemd das, -en ....

Hose die, -n ....

Jacke die, -n ....

Jeans die (Sg. oder Pl.) ....

Kleid das, -er ....

Mantel der, ¨ ....

Pullover der, - ....

Rock der, ¨e ....

Schuh der, -e ....

T-Shirt das, -s ....

an·probieren, (hat anprobiert) ....

an·ziehen, (hat angezogen) ....

Gegenstände

Koffer der, - ....

Regenschirm der, -e ....

Schlüssel der, - ....

Tasche die, -n ....

Im Kaufhaus

Erdgeschoss das ....

Kaufhaus das, ¨er ....

Obergeschoss das ....

Weitere wichtige Wörter

Blatt das, ¨er ....

Farbstift der, -e ....

Fundbüro das, -s ....

Glückwunsch der, ¨e ....

herzlichen Glückwunsch ....

Klebstoff der, -e ....

Musiker der, - ....

Rekord der, -e ....

Schere die, -n ....

(sich) bedanken, (hat bedankt) ....

gehören, hat gehört ....

mögen, er mag, (hat gemocht) ....

passen, hat gepasst ....

schauen, hat geschaut ....

stehen (+Dat.), hat gestanden ....

trainieren,
(hat trainiert) ....

weg sein,
ist weg gewesen ....

blond ....

günstig ....

lustig ....

schwer ....

zufrieden ....

beide ....

besonders ....

rückwärts ....

vorwärts ....

gern/lieber/
am liebsten ....

gut/besser/
am besten ....

viel/mehr/
am meisten ....

diese (r/s) ....

Welche Wörter möchten Sie noch lernen?

Und wann ist der **einunddreißigste** Dezember?

A2 **1** **Welcher Tag ist heute?**

12.08. *Der zwölfte Achte.* .... *Der zwölfte August.* ....
20.04. ....
15.06. ....
23.02. ....
03.12. ....
01.01. ....

A3 **2** **Antworten Sie.**

Geburtstagskalender
Annette 17.10
Stefanie 15.3.
Heiko 2.5.
Maja 28.7
Sonja 17.9.

Wann hat Annette Geburtstag? *Am siebzehnten Oktober.* ....
Wann hat Stefanie Geburtstag? ....
Wann hat Heiko Geburtstag? ....
Wann hat Maja Geburtstag? ....
Wann hat Sonja Geburtstag? ....

Bäckerei Kunz
Wir machen Urlaub
1. – 25.8.

Wann ist die Bäckerei geschlossen?
Vom ....

Urlaub
Herr Meinert:
3.–20.7.
Frau Braun:
8.–19.11.

Wann ist Herr Meinert im Urlaub?
....

Wann ist Frau Braun im Urlaub?
....

A3 CD 3 21 **3** **Hören Sie und notieren Sie.**

a Datum heute: ....
b Theater: ....
c Antrag abgeben: ....
d Geburtsdatum: ....
e Sommerfest: ....
f Termin: ....

A4 Projekt **4** **Ferien in Ihrem Bundesland. Machen Sie eine Wandzeitung.**

Ferientermine

In welchem Bundesland wohnen Sie? ....
Wann sind dort Schulferien?
im Frühling (an Ostern, an Pfingsten): ....
im Sommer: ....
im Herbst: ....
im Winter (an Weihnachten): ....

5 *sie, ihn* – Wer ist das? Markieren Sie mit Pfeilen.

Tina macht an Silvester ein Fest. Sie hat Niko eingeladen,
sie findet ihn sehr sympathisch. Niko bringt auch Sabine und Mike mit.
Tina und Bruno kennen sie noch nicht.
Tina hat auch Nikos Mutter eingeladen. Sie kann aber jetzt doch nicht nach
Deutschland kommen. Tina findet das sehr schade, denn sie möchte
sie so gerne kennenlernen.

Grammatik entdecken

6 Unterstreichen Sie und ordnen Sie ein.

Ich verstehe dich nicht gut, du sprichst so schnell.	ich	➜ ....
Ich verstehe auch ihn nicht gut, er spricht so leise.	du	➜ dich.........
Und sie verstehe ich gar nicht, sie spricht Französisch.	er	➜ ....
Aber manchmal verstehe ich mich selbst nicht.	es	➜ es.............
Wir sehen euch fast nie, ihr habt nie Zeit.	sie	➜ ....
Ruft uns doch mal wieder an, wir warten!	wir	➜ ....
	ihr	➜ ....
	sie/Sie	➜ sie/Sie......

7 Ergänzen Sie *mich – dich – ihn – sie – es – Sie.*

a ▲ Nikos Mutter ist in Deutschland. Hast du .... schon gesehen?
● Ja, ich habe .... mit Niko beim Einkaufen getroffen.

b ▲ Ist das dein Auto?
● Ja, ich habe .... seit zwei Monaten.

c ▲ Den Film musst du sehen, der ist super. Ich habe .... schon zweimal gesehen.
● Gehst du noch mal mit? Ich lade .... ein.

d ▲ Entschuldigung, Frau Jablonski, kann ich .... etwas fragen?
● Natürlich.

e ▲ Fährst du heute zum Supermarkt?
● Ja, heute Nachmittag.
▲ Kannst du .... mitnehmen?

f ▲ Wie geht es Bruno?
● Ich weiß es nicht, ich habe .... lange nicht gesehen.

8 Ergänzen Sie *uns – euch – sie.*

a GPRS
Hallo Eli und Semra,
kann ich .... am
Wochenende
besuchen? :-)) Marc
Internet Menu

b GPRS
Hallo Tom, vergiss bitte
nicht die Karten für Rocky!
Oder hast du .... schon
gekauft. Und Lena? Kommt
sie? Hast du .... gefragt?
Gruß, Jo
Internet Menu

c GPRS
Hallo Marc, ruf
.... doch bitte an.
Eli + Semra
Internet Menu

B3

9 Schreiben Sie die Sätze neu mit *er – ihn – es – sie.*

a Meine Freundin wohnt in Frankfurt. — Meine Freundin hat zwei Kinder.
Sie hat zwei Kinder.

b ▲ Kennst du Niko? — ◆ Ja natürlich. Ich kenne Niko schon lange.
....

c ▲ Wie findest du Jana? — ◆ Ich finde Jana sehr sympathisch.
....

d Niko ist von Beruf Mechaniker. — Niko arbeitet bei WAFAG.
....

e ▲ Kaufst du den Rock? — ◆ Nein. Ich finde den Rock doch nicht so schön.
....

f ▲ Sie müssen das Formular ausfüllen. — ◆ Tut mir leid, ich verstehe das Formular nicht.
....

g Vielen Dank für die Blumen. — Die Blumen sind sehr schön.
....

h ▲ Gefällt dir der Mantel? — ◆ Ja, aber ich finde den Mantel sehr teuer.
....

B4 Projekt

10 Wie feiert man in Deutschland das neue Jahr? Wann? Und wann feiert man in Ihrem Land Neujahr? Wie feiern Sie? Zeichnen Sie und schreiben Sie.

Ein gutes neues Jahr!

Bonne année!

Yeni yılın kutlu olsun!

Felice Anno Nuovo!

¡Feliz Año Nuevo!

Onnellista uutta vuotta!

Gott nytt år!

Veiksmīgu Jauno gadu!

Edukat uut aastat!

Deutschland

Spanien
In Spanien essen wir um Mitternacht jede Sekunde eine Weintraube und trinken Champagner.

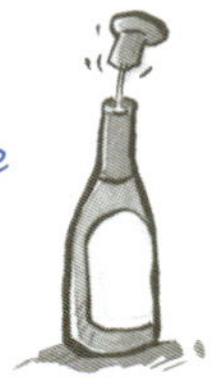

Sie kann leider nicht kommen, **denn** ihre Schwester ist krank.

3 **11** **Was passt? Ergänzen Sie die Sätze.**

... heute Abend kommen Gäste. • ... er muss noch Hausaufgaben machen. •
... er hat nicht genug Geld. • ... es ist schon so spät.

a

Herr Nehm kann das Auto nicht kaufen,
denn er ……………………………………

c

Frau Nehm putzt die Wohnung,
denn ……………………………………

b

Steffi darf nicht in die Disco gehen,
denn ……………………………………

d

Leo darf nicht fernsehen,
denn ……………………………………

3 **12** **Ergänzen Sie die Sätze.**

a Frau Nehm fährt viel Fahrrad, denn ……………………………………
b Herr Nehm fährt lieber mit dem Auto, denn ……………………………………
c Leo will heute nicht in die Schule gehen, denn ……………………………………
d Steffi möchte unbedingt in die Disco gehen, denn ……………………………………

3 **13** **Verbinden Sie die Sätze mit *und – oder – aber – denn*.**

a Heute gibt es bei Schneiders ein Fest. Es ist Silvester.
Heute gibt es bei Schneiders ein Fest, denn es ist Silvester.
Tina hat Niko eingeladen. Sie findet ihn sympathisch.
……………………………………
Niko kommt gerne. Er bringt auch Sabine und Mike mit.
……………………………………

b ▼ Kommst du zum Fest?
◆ Ich komme gern. Ich kann erst sehr spät kommen.
……………………………………
Ich mache einen Salat. Ich bringe auch einen Kuchen mit.
……………………………………

c Ich lerne Italienisch. Ich finde die Sprache sehr schön.
……………………………………

d Was machen wir heute Abend? Gehen wir tanzen? Bleiben wir zu Hause?
……………………………………

Phonetik 3 22 **14** **Hören Sie und sprechen Sie nach.**

Nikos Mutter kommt nicht nach Deutschland, → denn ihre Schwester ist krank. ↘
Ich bringe einen Salat mit → und Peter kauft die Getränke. ↘
Ich möchte gerne ein Auto kaufen, → aber ich habe kein Geld. ↘
Heute Nachmittag gehe ich schwimmen → oder ich fahre mit dem Fahrrad. ↘
Kommst du um drei Uhr ↗ oder kannst du erst um fünf kommen? ↘
Trinkst du einen Kaffee ↗ oder möchtest du lieber einen Tee? ↘

D2

15 Bilden Sie Wörter.

gra • Hoch • Ge • ein • Glück • hei • Ur • Ein • Fe • la • fei • Geburts • schen • tu • ten • rien • ern • wün • zeit • la • tags • tag • ra • lieren • laub • fest • burts • dung • den • wunsch

gratulieren ....
die Hochzeit ....
....
....

D2

16 Wählen Sie ein Thema aus der Lektion, z.B. eine Einladung oder *denn*-Sätze. Machen Sie eine Übung für Ihre Partnerin / Ihren Partner.

Hallo Theo,
am Samstag feiere ich ....
Ich .... 30! Ich lade dich
.... Party ein. Kommst du?
Gruß Sven

Ich gehe immer
sehr früh schlafen, denn

E3

17 Was passt? Ordnen Sie zu.

Herzlichen	Glück
Viele	Gute
Viel	Glückwunsch
Schöne	Grüße
Alles	Festtage

E3

18 Was passt? Kreuzen Sie an.

a	eine Party	☐ machen	☐ organisieren	☐ einladen
b	Geburtstag	☐ freuen	☐ feiern	☐ haben
c	eine SMS	☐ schreiben	☐ schicken	☐ machen
d	zur Hochzeit	☐ gratulieren	☐ helfen	☐ einladen
e	eine Einladung	☐ schreiben	☐ nehmen	☐ bekommen

E4
Schreibtraining

19 Glückwünsche zum neuen Jahr

a Lesen Sie die Karte.

Liebe Irina,

ich wünsche Dir und Deiner Familie ein gutes neues Jahr!
Heute bin ich sehr müde, denn ich bin erst um vier Uhr ins Bett gegangen. Ich habe gestern bei Freunden gefeiert und nach Mitternacht sind wir noch in eine Disco gegangen. Wir haben viel getanzt und heute tun meine Füße total weh. —
Was hast Du an Silvester gemacht? —
Hoffentlich geht es Dir gut und wir sehen uns bald mal wieder! —

Herzliche Grüße —
Gabriele

b Antworten Sie auf die Karte und schreiben Sie zu folgenden Punkten:
Dank für die Karte ➜ Glückwünsche zum neuen Jahr ➜ Silvester: mit Freunden gefeiert ➜ Einladung an Gabriele: zu Besuch kommen ➜ Grüße

Liebe Gabriele,
vielen Dank für die Karte! Ich wünsche Dir auch ...

5 Prüfung **20** **Lesen Sie die Texte und die Aufgaben. Was ist richtig? Was ist falsch? Kreuzen Sie an.**

a Die Weihnachtsfeier beginnt um 19 Uhr. ☐ richtig ☐ falsch

Liebe Kolleginnen und Kollegen,
Sie sind zu unserer Weihnachtsfeier alle herzlich eingeladen.
Am 21.12. ab 19 Uhr in der Cafeteria.
Wir freuen uns auf Ihr Kommen!

b Sie können am 7. Januar wieder einkaufen. ☐ richtig ☐ falsch

Unser Geschäft ist vom 26.12. – 6.1. geschlossen.

Wir wünschen allen unseren Kunden frohe Weihnachten und ein gutes neues Jahr!

c Am 1. Weihnachtsfeiertag können Sie im Hotel Krone zu Abend essen. ☐ richtig ☐ falsch

Hotel Krone Niederbach

Unsere Öffnungszeiten über die Feiertage

24.12.	**ab 15:00 Uhr geschlossen**
25.12.	**von 11:00 – 14:00 geöffnet**
26.12.	**von 17:00 – 23:00 geöffnet**

Wir wünschen unseren Gästen frohe Feiertage!

Lernwortschatz

Feste

Einladung die, -en ....

Feiertag der, -e ....

Fest das, -e ....

Geburtstag der, -e ....

Hochzeit die, -en ....

Ostern das ....

Silvester das ....

Neujahr das ....

Weihnachten das ....

einladen, du lädst ein, er lädt ein, (hat eingeladen) ....

feiern, hat gefeiert ....

Gute Wünsche

Alles Gute ....

Viel Glück/Spaß/Erfolg ....

Ein gutes neues Jahr ....

Frohe / Schöne Ostern ....

Frohes Fest ....

Herzlichen Glückwunsch ....

Frohe Weihnachten ....

froh ....

gratulieren, (hat gratuliert) ....

Weitere wichtige Wörter

Ausdruck der, ¨-e ....

Ehe die, -n ....

Erfolg der, -e ....

Fernsehen das ....

Führerschein der, -e ....

Gaststätte die, -n ....

Glück das ....

Grund der, ¨-e ....

Kirche die, -n ....

König der, -e ....

Lebensjahr das, -e ....

Meinung die, -en ....

Mitglied das, -er ....

Note die, -n ....

Platz der, ¨-e ....

Prost ....

Prüfung die, -en ....

eine Prüfung bestehen ....

Ring der, -e ....

Sache die, -n ....

SMS die, - ....

Spaß der ....

Sportverein der, -e ....

kennenlernen, (hat kennengelernt) ....

klappen, hat geklappt ....

sich kümmern um, hat sich gekümmert ....

laufen, du läufst,
er läuft, ist gelaufen ....

lieben, hat geliebt ....

nennen, hat genannt ....

reisen, ist gereist ....

statt·finden,
(hat stattgefunden) ....

verstecken,
(hat versteckt) ....

werden, du wirst,
er wird,
ist geworden ....

besetzt ....

eilig ....

fit ....

geschlossen ....

herzlich ....

nett ....

bald ....

bis bald ....

etwa ....

ohne ....

schade ....

unbedingt ....

zurzeit ....

Welche Wörter möchten Sie noch lernen?

Was möchten Sie noch üben? Wählen Sie aus.

1 **Schreiben Sie:** ***Ich über mich – Folge 1***

Name ● Herkunftsland ● Geburtsort ● Wohnort in Deutschland ● Adresse ● Telefonnummer

Ich heiße ...

2 ***der*** **oder** ***das*** **oder** ***die*****?**

Notieren Sie.

Möbel

der	das	die
der Tisch		

Lebensmittel

der	das	die

Körperteile

der	das	die

Kleidung

der	das	die

3 ***1 ... – 2, 3, 4, ... viele, alle.***

Ergänzen Sie die Tabelle.

-e	-n	-en
der Brief – die Briefe ...	*der Name – die Namen* ...	*die Zahl – die Zahlen* ...

-er	–	̈
das Kind – die Kinder ...	*das Zimmer – die Zimmer* ...	*der Bruder – die Brüder* ...

̈e	̈er	-s
die Stadt – die Städte ...	*das Fahrrad – die Fahrräder* ...	*das Foto – die Fotos* ...

4 ***ich, du, ...***

Was passt? Kreuzen Sie an.

	ich	du	er	sie	wir	ihr	sie	Sie	
Sprechen					*x*		*x*	*x*	Deutsch?
Wann stehst									auf?
Wohin geht									jetzt?
Macht									einen Deutschkurs?
Wie heißt									denn?
Nehmen									den Bus um acht Uhr?
Versteht									das nicht?
Kann									um 2 Uhr kommen?
Musst									heute arbeiten?

5 *ich helfe, du hilfst ...*
Ergänzen Sie.

a (helfen) ▲ Ich ..helfe.............. Sabine. .... du ihr auch?
● Nein, Klaus .... ihr.

b (fahren) .... du mit dem Bus?
c (treffen) Manuel .... Marco.
d (geben) .... es die Hose auch in Rot?
e (sprechen) Jana .... gut Deutsch.
f (nehmen) Peter .... jeden Tag zwei Tabletten.
g (essen) .... du gerne Pizza?
h (lesen) .... du gerne?
i (geben) .... du mir zehn Euro?
j (nehmen) .... du ein Taxi?
k (sehen) Du .... müde aus.

6 *der* oder *den*, *ein* oder *einen*?
Kreuzen Sie an.

	der	den	
Unterstreichen Sie bitte		x	Familiennamen.
Wie viel kostet			Mantel?
Hast du			Arzt angerufen?
Ich habe			Termin vergessen.
Dort hinten ist			Parkplatz.
Wo ist denn			Ausgang?

	ein	einen	
Niko hat			Pullover gekauft.
Das ist			Schokoladenkuchen.
Meine Mutter hat			Obstkuchen gemacht.
Wo ist hier			Fahrkartenautomat?
Hast du			Bruder?
Ist das			Brief von Linda?

7 *? – . – !*
Bilden Sie Sätze.

a Silvester – feiern – wie – Sie – ?
b am besten – mir – Hose – gefällt – diese – .
c Sie – auch in Blau – diesen – haben – Pulli – ?
d du – im Dezember – Geburtstag – hast – ?
e rufe – dich – an – morgen – ich – .
f heute Abend – komm – um acht Uhr – bitte – !
g Hose – soll – welche – nehmen – ich – ?
h bitte – Brötchen – und Milch – kauf – !
i kann – zum Bahnhof – mit dem Bus – man – fahren – .

8 *Ich gehe ... Jeden Tag gehe ich ...*
Ergänzen Sie die Sätze.

a [jeden Tag] Ich gehe eine Stunde schwimmen. *Ich gehe jeden Tag eine Stunde schwimmen.*
Jeden Tag gehe ich eine Stunde schwimmen.

b [gestern] Ich habe nicht gearbeitet. ....
....

c [am Montag] Ich kann nicht zum Kurs kommen. ....
....

d [um 17 Uhr] Niko hat einen Termin beim Arzt. ....
....

e [heute Abend] Marina feiert ihren Geburtstag. ....
....

9 ***nicht*** **oder** ***kein*****?**
Ergänzen Sie.

a Ich koche gern. *Ich koche nicht gern.*
b Ich habe Hunger. ....
c Haben Sie Telefon? ....
d Mein Bein ist gebrochen. ....
e Sie brauchen einen Verband. ....
f Ich fahre mit dem Bus. ....
g Sie hat Zeit. ....
h Wir machen ein Picknick. ....
i Ich arbeite als Automechaniker. ....
j Die Musik gefällt mir. ....

10 **Schreiben Sie:** ***Ich über mich – Folge 2***
Sind Sie verheiratet? ● Haben Sie Kinder? ● Sohn, Tochter? ● Wie alt? ●
Was sind Sie von Beruf? ● Arbeiten Sie in Deutschland? ● Wo arbeiten Sie?

11 ***ein, einen, eine – der, den, das, die*****?**
Ergänzen Sie.

a ● Ist hier .... Supermarkt in der Nähe?
▲ Ja, dort, die erste Straße rechts.
● Und ist .... noch geöffnet?

b ■ Wann fährt .... nächste Zug nach Potsdam?
◆ Um 14 Uhr 30.
■ Ist das .... ICE oder .... IC?

c ▼ Ivano macht jetzt .... Deutschkurs.
▲ Aha. Und wie lange dauert .... Kurs?

d ■ Möchtest du .... Kuchen?
● Ja gern.
■ Ich habe .... Obstkuchen gemacht und meine Mutter hat .... Schokoladenkuchen gemacht.

e ▲ Gibt es .... Bus zum Bahnhof?
◆ Nein, nur .... Straßenbahn, ... Nummer 14.

f ● Schau mal, hier habe ich .... Foto: .... Frau da ist meine Mutter und .... Mann hier ist .... Freund von uns.

12 ***Stunde*** **oder** ***Uhr*****? Ergänzen Sie.**

a Herr Farsai arbeitet 20 .... in der Woche.
b ▲ Wie lange dauert der Kurs? ● Zweieinhalb ....
c ▲ Wann kommt das Fußballspiel im Fernsehen? ● Um zwanzig .... fünfzehn.
d ▲ Wie lange musst du noch arbeiten? ● Ungefähr zwei ....
e ▲ Wie spät ist es? ● Hast du keine ....?
f ▲ Wann musst du gehen? ● In einer ....

13 **Schreiben Sie:** ***Ich über mich – Folge 3***
Seit wann sind Sie in Deutschland? ● Wie gefällt Ihnen Ihr Wohnort? ●
Was finden Sie dort gut, was nicht so gut? ● Was machen Sie in der Freizeit?

14 an|kommen – ab|holen – ein|steigen – ...
Bilden Sie Sätze.

a mein Zug – ankommen – um 18 Uhr – in Frankfurt – . – du – abholen – mich – ? ....
b einsteigen – bitte – Sie – ! ....
c in zwei Minuten – abfahren – der Bus – . ...
d aussehen – Sie – wirklich sehr gut – . ...
e am ersten Oktober – umziehen – wir – . ...
f Jörg, bitte – den Fernseher – ausmachen – ! ....
g anrufen – ich – am Wochenende – dich – . ...
h Alex, bitte – endlich – aufstehen – und – dein Zimmer – aufräumen – . ...

15 von ... bis – am – um – im – vor – seit – bis
Ergänzen Sie.

a ▲ Wann ist das Büro geöffnet?
● .... Montag .... Freitag .... 10 .... 16 Uhr, ... Dienstag und .... Donnerstag .... 18 Uhr.

b ▲ Wann hast du mich angerufen? ● .... einer Stunde.
c ▲ Wann hast du Geburtstag? ● .... fünften April.
d ▲ Wann machst du Urlaub? ● Erst .... Winter. Ich fahre so gerne Ski.
e ▲ Wann hast du Deutschunterricht? ● .... Mittwoch .... 18 Uhr.
f ▲ Wie lange wartest du schon? ● .... 20 Minuten.
g ▲ Wann hast du Miro gesehen? ● .... drei Tagen.
h ▲ Wann ziehst du in die neue Wohnung? ● .... September.

16 für – nach – beim – in – bis – ab
Ergänzen Sie.

a Gehen wir .... dem Essen ein bisschen spazieren?
b Ich gehe jetzt einkaufen. .... einer Stunde bin ich wieder da.
c ▼ Na, wie war es denn gestern Abend auf der Party?
■ Das habe ich dir doch schon .... Frühstück erzählt!
d Du, ich brauche dein Auto noch einen Tag. Kannst du es mir bitte .... morgen leihen?
e Ich suche eine Arbeit .... zwei Tage in der Woche.
f ● Wie lange arbeitest du jeden Tag?
▼ Im Moment zwei Stunden, aber .... Montag drei Stunden am Tag.
g ▲ Ich komme heute mit zum Training.
◆ Gut, dann hole ich dich .... zehn Minuten ab.

17 ***Ich habe gearbeitet. – Wir sind gekommen.***
Schreiben Sie.

a ich arbeite *Ich habe gearbeitet.* ....
b ich mache ....
c du suchst ....
d du schreibst ....
e er geht ....
f sie sagt ....
g wir kommen ....
h wir kaufen ....
i ihr schlaft ....
j ihr antwortet ....
k sie spielen ....
l Sie fahren ....

18 **Schreiben Sie.**

a den Brief lesen (du) *Lies bitte den Brief!* .... *Ich habe den Brief gelesen.* ....
(ihr) *Lest bitte den Brief!* .... *Wir haben den Brief gelesen.* ....
b die Hausaufgaben machen (du) ....
(ihr) ....
c die Vokabeln lernen (du) ....
(ihr) ....
d nicht so viel essen (du) ....
(ihr) ....
e das Formular unterschreiben (Sie) ....
f die Lehrerin fragen (Sie) ....

19 ***war – hatte***
Ergänzen Sie.

a ▲ 1974, wie alt .... du da?
● Ich .... zwölf.
b ▼ Ich .... gestern Abend bei dir, aber du .... nicht zu Hause.
■ Ja, ich .... Englischkurs.
c ◆ Wo .... Sie denn gestern? Wir .... doch Deutschunterricht.
● Ich .... einen Termin beim Arzt.
d ▲ Wie .... denn Ihr Urlaub?
■ Na ja, es geht. Das Wetter .... sehr schlecht.
e ▼ Wo .... ihr denn so lange? Ich warte schon zwanzig Minuten.
◆ Wir .... dort in der Bäckerei.
f ■ Was habt ihr am Wochenende gemacht?
● Wir .... Besuch. Meine Schwester und ihr Mann .... da.

20 Schreiben Sie: *Ich über mich – Folge 4*

Ich kann gut ....

Ich kann nicht so gut ....

Ich muss leider ....

Ich darf nicht ....

Ich möchte gern ....

Ich will heute ....

21 *Wo*?

Finden Sie 8 Unterschiede.

Rechts … ist eine Apotheke. … steht ein Lkw.

22 *Wer*? – *Was*? – *Wie*? – *Woher*? – *Wo*? – *Wohin*? – *Wann*?

Ergänzen Sie.

Wie bitte?

- **a** Das ist meine Freundin. .... ist das?
- **b** Sie heißt Stefanie. .... heißt sie?
- **c** Sie kommt aus Kanada. .... kommt sie?
- **d** Sie ist Verkäuferin von Beruf. .... ist sie von Beruf?
- **e** Sie arbeitet bei „Exquisit“. .... arbeitet sie?
- **f** Sie hat ihre Deutsch-Prüfung gemacht. .... hat sie gemacht?
- **g** Jetzt machen wir Urlaub. .... macht ihr Urlaub?
- **h** Wir fahren zusammen nach Italien. .... fahrt ihr?

23 ***Wo? – Wohin? – Woher?***
Ergänzen Sie: ***zu – zum – zur – nach – aus – in – in der – in die – beim***

a ▲ Was hast du denn gemacht? Dein Fuß sieht ja schlimm aus.
● Ich hatte einen Unfall.
▲ Warst du schon .... Arzt?
● Nein.
▲ Du musst aber dringend .... Arzt!

b ▼ Frau Giang, woher kommen Sie?
■ .... Vietnam.
▼ Und wo wohnen Sie jetzt?
■ .... Dresden.

c ◆ Gehst du .... Post? Kannst du den Brief mitnehmen?
● Nein, ich muss .... Bank.

d ▼ Bist du um acht Uhr .... Hause?
■ Nein, heute komme ich erst um zehn .... Hause.

e ● Wo hast du das Brot gekauft? Das schmeckt gut! .... Bäckerei Kaiser?
▲ Nein, ich gehe immer .... Bäckerei Kunz.

f ▼ Entschuldigung, ich suche das Hotel Astoria?
■ Das ist .... Kaiserstraße. Das ist die zweite Straße dort rechts.

24 ***Könnten Sie ... / Würden Sie ...***
Bitten Sie sehr höflich.

a Mach bitte das Radio aus.
Könntest du .... *Würdest du* ....

b Sprechen Sie bitte langsam.
....

c Erklären Sie das bitte noch einmal.
....

d Mach bitte das Frühstück.
....

25 ***viel – mehr – am meisten***
Ergänzen Sie: ***mehr – am meisten – besser – am besten – lieber – am liebsten***

a Ich verdiene nicht viel, nur acht Euro die Stunde. Meine Schwester verdient ...., sie bekommt zehn Euro in der Stunde. Aber mein Bruder verdient ...., er bekommt zwölf Euro.

b Gehen Sie gern ins Kino oder sehen Sie .... fern?

c Mein Mann fährt gern Fahrrad, aber ich schwimme ....

d ▲ Welchen Pullover findest du ...., den da oder den hier?
● Ich finde beide gut, aber der hier passt dir ....

e ■ Was machst du in der Schule .... und was kannst du ....?
▼ .... mache ich Sport und .... kann ich Volleyball spielen.

26 ***mir, dir ...***

Ergänzen Sie.

ich: Es macht ..*mir*.... Spaß.

du: Macht es .... auch Spaß?

Frau Hagner: Und macht es .... Spaß?

Jonas: .... macht es sicher Spaß.

Elke: Und .... auch.

wir: Natürlich macht es .... allen Spaß.

Schreiben Sie auch einen Text: *Es gefällt mir. Gefällt es ...*

27 ***mich, dich, ...***

Ergänzen Sie.

a ▲ Markus hat .... gestern angerufen. Ich soll .... vom Bahnhof abholen.
● Und wann?
▲ Um drei.
● Da fahre ich auch zum Bahnhof. Soll ich .... mitnehmen?

b ■ Hast du meine Brille gesehen? Ich suche .... schon den ganzen Tag.
▼ Was? Du hast .... doch auf der Nase!

c ◆ Hast du ein Fahrrad?
● Ja, sicher.
◆ Kannst du .... mir bitte für zwei Tage leihen?

d Ich suche meinen Schlüssel. Hast du .... gesehen?

e ▲ Ach Mama, fährst du .... bitte zum Training und holst du .... auch wieder ab?
● Ich kann .... hinfahren, aber abholen kann ich .... nicht.

f ■ Guten Tag Frau Schröder! Ich habe .... lange nicht gesehen. Waren Sie in Urlaub?
▼ Ja, meine Kinder leben doch jetzt in Frankreich. Ich habe .... dort besucht.

28 ***mein, meine, meinen – dein, deine, deinen – sein, seine, ... – ...***

Ergänzen Sie.

a ▲ Am Wochenende kommt .... Schwester. Sie bringt auch .... Freund mit.
● Heißt .... Freund Armin?
▲ Ja.
● Dann kenne ich .... Freund.

b ▼ Hast du .... Wörterbuch gesehen?
■ Nein, ... Wörterbuch nicht, aber .... Deutschbuch.

c Guten Tag, Herr Hofmann, kann ich bitte .... Frau sprechen?

d ▲ Guten Tag, Carola, kann ich .... Eltern sprechen?
● .... Vater nicht, er ist nicht da, aber .... Mutter.

e ◆ Wo arbeitet denn .... Sohn, Frau Eckert?
▼ Bei Greiff und Co. .... Arbeit gefällt ihm sehr gut.

f Du musst hier .... Vornamen und hier .... Familiennamen eintragen.

g ▲ Milan und Samad, sind das .... Bücher? ● Nein, wir haben .... Bücher hier.

h ▼ Wie heißen Sie? ● Karokhail.
▼ Buchstabieren Sie bitte .... Namen.

i Das sind Herr und Frau Allafi und .... Tochter Fahima.

Einen Arbeitsplan absprechen, einen Auftrag verstehen und annehmen

CD 3 23

1 Mirkos Arbeitsplan

Mirko ist Hausmeister. Er hat einen Arbeitsplan für den Tag. Aber sein Chef macht immer neue Termine.

a Hören Sie. Was ist heute anders? Markieren Sie im Arbeitsplan.
b Hören Sie noch einmal und korrigieren Sie.

Arbeitsplan Name: Mirko
Tag: Mittwoch 11.04.

09.00	Frau Mehnert, Parkallee 12
10.00	Mehnert
11.00	Büro, ~~Termin mit Chef~~ Braun, Schillerstraße 27
12.00	Mittagspause
13.00	Schneider, Friedrichsallee 3
14.00	Schneider
15.00	Schneider
16.00	frei
17.00	

Braun, Schillerstraße 27

Zeman, Gartenstraße 17

Heimann, Klarastraße 3

2 nicht verstehen / fragen – verstehen

Lesen Sie und ordnen Sie die Sätze in die Tabelle ein.

Wie bitte? | O.k., ich verstehe. | Noch einmal bitte. | Gut. Alles klar.
Tut mir leid, ich verstehe Sie nicht. | Nicht am Montag? Nicht um ... Uhr? | Stimmt das? | Ich verstehe. | Richtig?

nicht verstehen / fragen	verstehen

3 Entschuldigung, ich verstehe Sie nicht.

Ergänzen Sie die Gespräche mit passenden Sätzen aus Übung 2.
Achtung: Manchmal gibt es mehrere Lösungen.

1

● Der Chef ist heute nicht da, ...?
▲ Ja, er ist erst morgen wieder da.
● ....

2

▼ Fahren Sie noch in die Schillerstraße zu Familie Braun.
■ ....
▼ In die Schillerstraße zu Braun.

3

Party-Service Müller
Mittwoch, 10.10.
Hemmerichs: 18.00 Uhr

● Bringen Sie alles um 19 Uhr zu Hemmrichs.
▲ ....
● Nein, erst um 19 Uhr.
▲ ....
Bis morgen also.
■ ....

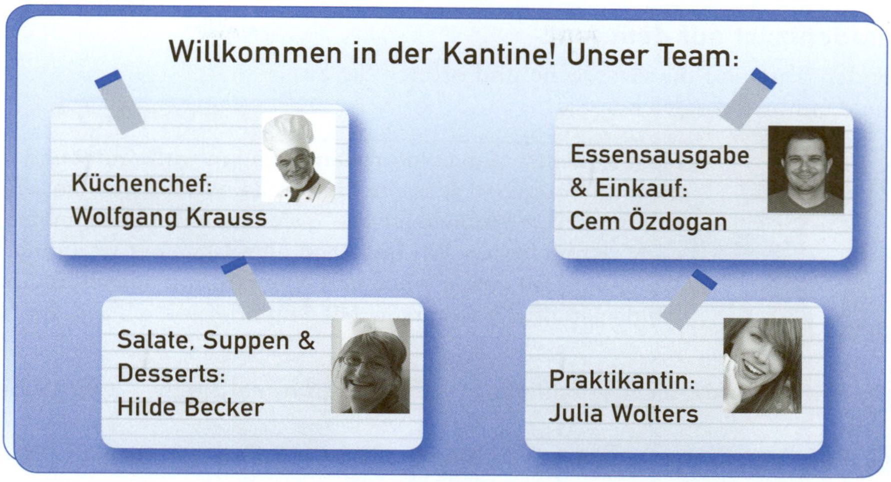

1 **Julia macht ein Praktikum in der Kantine. Dort gibt es viele Aufgaben. Ordnen Sie zu.**

[5] bei der Essenausgabe helfen • ☐ die Speisekarte schreiben • ☐ Salate, Desserts und Suppen machen • ☐ aufräumen • ☐ die Einkaufsliste schreiben • ☐ Lebensmittel einkaufen

24 **2** **Es ist Montag, acht Uhr morgens. Julia ist müde. Herr Krauss erklärt Julia ihre Aufgaben. Hören Sie das Gespräch. Was sind Julias Aufgaben? Markieren Sie und bringen Sie die Aufgaben in die richtige Reihenfolge.**

- bei der Essensausgabe helfen ☐
- die Desserts machen ☐
- die Salate machen [1]
- die Speisekarte schreiben ☐
- die Küche aufräumen ☐
- die Einkaufsliste schreiben ☐
- die Lebensmittel einkaufen ☐

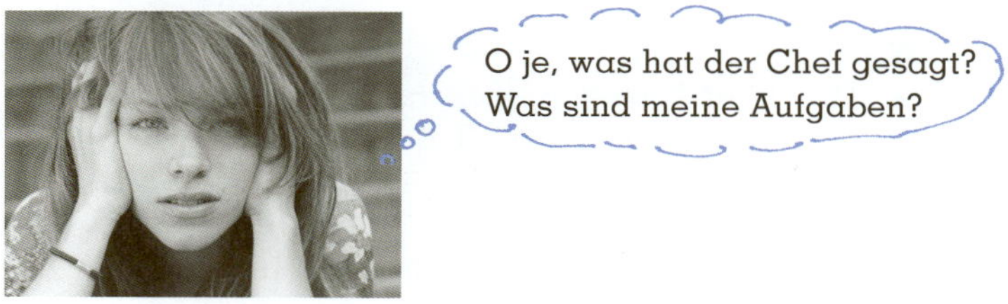

3 **Herr Özdogan hat ein paar Fragen. Schreiben Sie die Fragen.**

a heute zuständig sein – für die Salate – wer – ?
b aufräumen – wer – die Küche – ?
c helfen – bei der Essensausgabe – wer – ?
d wer – schreiben – die Speisekarte – ?
e helfen – wer – morgen – beim Einkaufen – ?
f verantwortlich sein – für die Einkaufsliste – wer – ?

Wer ist heute zuständig für die Salate?
Wer …

······▸ PROJEKT

CD 3 25

1 Herr Karadeniz ist auf dem Amt.

a Lesen Sie den Text und die Gespräche und ordnen Sie zu.
b Hören Sie dann und vergleichen Sie.

Mein Name ist Mehmet Karadeniz. Ich bin verheiratet und habe drei Kinder. Zwei Kinder gehen schon in die Schule. Wir haben eine 2-Zimmer-Sozialwohnung. Das Problem ist: Die Wohnung ist zu klein, meine Kinder können nicht richtig lernen. Wir brauchen eine 4-Zimmer-Wohnung. Ich habe an das Wohnungsamt geschrieben und einen Antrag ausgefüllt. Und dann habe ich diesen Brief bekommen. Mit dem Brief soll ich zum Amt gehen.

- Kein Problem. Das ist nicht so schlimm.
- Bin ~~ich hier richtig~~?
- Wohin muss ich jetzt gehen?
- Das habe ich nicht verstanden.
- Muss ich Ihnen das sagen? Das ist doch meine private Sache.
- Na ja, das sehe ich aber anders.
- Ich kann noch nicht so gut Deutsch.

1

● *Bin ich hier richtig?*
▲ Ja, hier sind Sie richtig.
● ______
▲ Ziehen Sie zuerst eine Nummer und warten Sie dann bitte vor Zimmer 28.

2

▲ Muss es denn wirklich eine 4-Zimmer-Wohnung sein? So klein ist Ihre Wohnung doch gar nicht.
● ______
Ich finde, zwei Zimmer sind sehr wenig für fünf Personen.

3

▲ Aha. Fünf Personen: Sie, Ihre Frau und Ihre Kinder. Sie haben sicher auch oft Besuch, oder?
● ______
▲ Da haben Sie recht. Tut mir leid, Herr Karadeniz.
● ______

4

▲ Aber … BSbpGO … Paragraf 128, Absatz 3 b …
● Wie bitte? ______
▲ BSbpGO … Paragraf 128, Absatz 3 b…
● Können Sie bitte einen Dolmetscher holen? ______

Bekommt Familie Karadeniz eine 4-Zimmer-Wohnung? Wir wissen es nicht.
Wir wissen nur: Mit Deutsch geht es besser. Ach ja, noch was:
Die meisten Leute in Ämtern und Behörden sind freundlich und helfen Ihnen.

3 26

1 Ana bittet um Hilfe. Ergänzen Sie. Hören Sie dann und vergleichen Sie.

Das Wort verstehe ich nicht. • ~~können Sie mir bitte helfen~~ • Können Sie das bitte erklären? • Was heißt …

● Entschuldigung, *können sie mir bitte helfen*……?
▲ Ja, gern.
● …………………………………… „Ziel" auswählen?
▲ Wohin wollen Sie fahren?
● Nach Passau.
▲ Ja, dann wählen Sie Passau. Und hier sehen Sie den Preis.
● Aha. Vielen Dank.
▲ Und jetzt müssen Sie die Fahrkarte noch stempeln.
● Stempeln? …………………………………………………………………………………………………… .
………
▲ Ja, sehen Sie: So geht das. Jetzt haben Sie die Fahrkarte gestempelt.

2 Wie funktioniert ein Parkscheinautomat?

a Ordnen Sie zu.

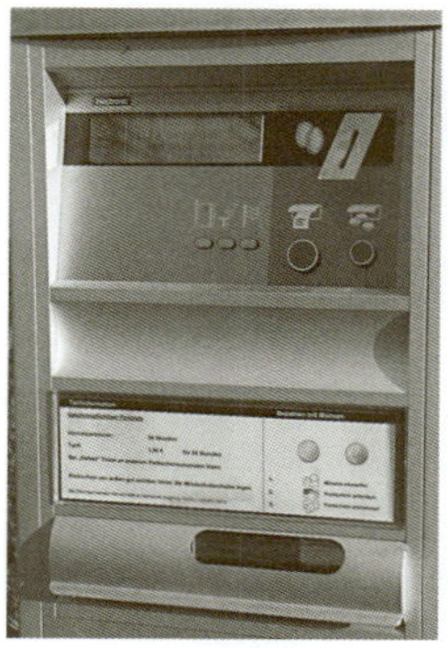

das Geld einwerfen • den Parkschein ins Auto legen • ~~die Parkzeit wählen~~ • den Parkschein nehmen • die grüne Taste drücken

A

die Parkzeit wählen

B

……………………

C

……………………

D

……………………

E

……………………

b Sprechen Sie.

Wählen Sie zuerst die Parkzeit.
Werfen Sie dann …

3 Wie funktioniert ein Getränkeautomat?

a Erklären Sie.

Wählen Sie ein Getränk. …

ein Getränk wählen
Geld einwerfen
die Nummer für das Getränk eintippen
kurz warten → die Flasche kommt heraus

b Machen Sie Notizen wie in **a** und erklären Sie Ihrer Partnerin / Ihrem Partner.

Sie möchten einen Kaffee trinken. Aber wie funktioniert der Kaffeeautomat? Bitten Sie um Hilfe.	Wie funktioniert der Kaffeeautomat? Erklären Sie.
Sie möchten parken. Aber wie funktioniert der Parkscheinautomat? Bitten Sie um Hilfe.	Wie funktioniert der Parkscheinautomat? Erklären Sie.

→ PROJEKT

10 FOKUS Alltag

Einen Beipackzettel verstehen

1 **Sehen Sie den Text unten an. Was ist das?**

☐ Eine Krankmeldung
☐ Ein Rezept
☐ Eine Information für den Kranken

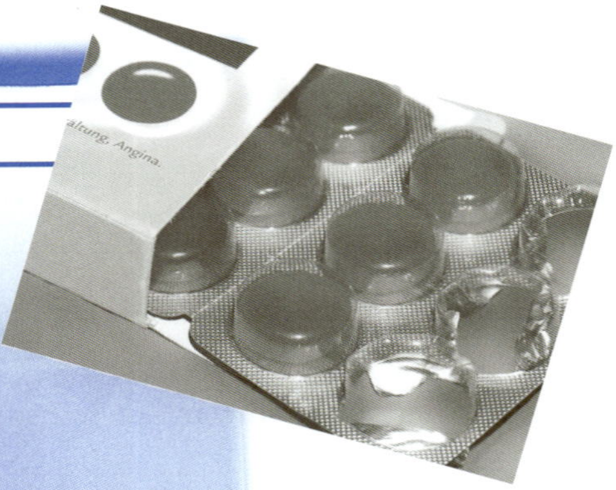

Hals- und Rachen-Lutschtabletten

Zur Schleimlösung
z.B. bei Heiserkeit und Husten

Lesen Sie diese Information gut durch.

1. **Nehmen Sie diese Tabletten**
   - bei Halsschmerzen
   - bei Heiserkeit
   - bei Husten
2. **Wie nehmen Sie diese Tabletten?**
   Lassen Sie eine Tablette langsam im Mund zergehen.
3. **Wie viele Tabletten nehmen Sie?**
   Nehmen Sie alle zwei Stunden 1 Tablette, aber insgesamt nicht mehr als 9 Tabletten pro Tag.

	Einzeldosis	Tagesgesamtdosis
Erwachsene	1 Tablette	bis zu 9 Tabletten

   Geben Sie die Tabletten nicht an Kinder unter 12 Jahren.

4. **Wann sollen Sie diese Tabletten nicht nehmen?**
   - Sie haben Bluthochdruck.
   - Sie sind schwanger.
   - Sie stillen ein Baby.
5. **Wann sollen Sie noch einmal mit Ihrem Arzt sprechen?**
   - Sie haben die Schmerzen mehr als 3 Tage.
   - Sie haben Fieber.
   - Sie haben Atemnot.
6. **Nebenwirkungen**: Sie haben diese Tabletten genommen – Manchmal kann das passieren: allergische Reaktionen der Haut

2 **Lesen Sie den Text.**
Dürfen die Personen die Tabletten nehmen? Kreuzen Sie an.

A

☐ ja ☐ nein

B

☐ ja ☐ nein

C

☐ ja ☐ nein

D

☐ ja ☐ nein

E

☐ ja ☐ nein

F

☐ ja ☐ nein

3 **Was sollen kranke Personen tun? Kreuzen Sie an.**

a Neun Tabletten nehmen, pro Stunde eine. ☐
b Nur eine Tablette pro Tag nehmen. ☐
c Die Tablette nicht mit Wasser nehmen. ☐
d Die Tabletten nur zwei Tage lang nehmen. ☐

→ PROJEKT

1 **So nicht! Aber so! Ordnen Sie zu.**

A

B

C

D

E

Man muss in einer Küche einen Haarschutz tragen.

Man soll einen Gehörschutz tragen.

Beim Fahren darf man nicht mit dem Handy telefonieren.

Auf einer Baustelle muss man spezielle Kleidung tragen.

Man darf im Lager nicht rauchen.

2 **Was dürfen Sie nicht / was müssen Sie in Ihrer Arbeit? Erzählen Sie.**

Ich arbeite in einer Metzgerei.
Da darf ich natürlich nicht rauchen.
Ich muss auch Handschuhe tragen.

3 **Was bedeuten diese Schilder? Erklären Sie oder spielen Sie Pantomime.**

A

B

C

D
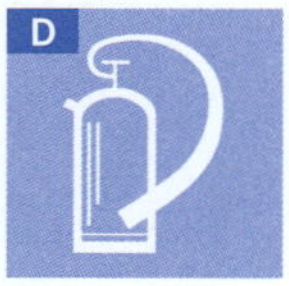

E

F

Nach Betreuungseinrichtungen fragen

1 Betreuungseinrichtungen für Kinder. Wie alt sind die Kinder? Ordnen Sie zu.

3 bis ca. 6 Jahre • 6 bis ca. 14 Jahre • 9 Wochen bis ca. 3 Jahre

Betreuungseinrichtungen:	die Krippe	der Kindergarten	die Tagesmutter	der Hort
Alter:	…………	…………	9 Wochen bis ca. 3 Jahre	…………

CD 3 27

2 Suzan und Florence wollen wieder arbeiten. Wer kann ihre Kinder betreuen? Hören Sie und ergänzen Sie.

	Wie heißt die Betreuungseinrichtung?	Wann ist das?
A Suzan mit Selina	Kindergarten	…………
B Florence mit Sammy	…………	Am Nachmittag

CD 3 27

3 Ergänzen Sie. Hören Sie dann noch einmal und vergleichen Sie.

A Weißt du, was das kostet? • Hast du vielleicht einen Tipp für mich? • Wer kann dann auf Selina aufpassen? • Da kann sie doch in den Kindergarten gehen.

- ● Ich muss am Nachmittag arbeiten. Wer kann dann auf Selina aufpassen?
- ▲ Deine Mutter vielleicht?
- ● Nein, das geht nicht. …………
- ▲ Hm. Selina ist drei. …………
- ● …………
- ▲ So teuer ist das nicht. 50 Euro pro Kind.

B Danke für den Tipp. • Dann brauchen wir am Nachmittag eine Betreuung • Was kostet so ein Hortplatz denn?

- ■ Sammy kommt nach den Ferien in die Schule. Das wird nicht einfach. Ich arbeite ja bis vier Uhr. ………… für Sammy.
- ▼ Ach, das ist doch kein Problem. Die Orff-Grundschule hat einen Hort. Der ist bis 17 Uhr geöffnet.
- ■ Wirklich? Das ist ja super. …………
- ▼ Ich weiß nicht so genau.
- ■ Kein Problem. Ich kann ja fragen. …………

4 Rollenspiel: Kinderbetreuung gesucht!

Sie haben zwei Kinder und arbeiten am Vormittag. Die Kinder sind drei und fünf Jahre alt.

Sie arbeiten am Vormittag. Ihr Kind ist zwei Jahre alt.

Ihr Sohn ist 12. Sie arbeiten den ganzen Tag.

Ich brauche eine Betreuung am Vormittag / Nachmittag …
Wer kann auf … aufpassen?
Weißt du, was das kostet?
Hast du einen Tipp für mich?
Muss ich … anmelden?
Danke für den Tipp.

Ich kenne da einen Kindergarten / eine Studentin / einen Hort / …
Mein Sohn / Meine Tochter geht in die …-Krippe / den …-Kindergarten.
Die Krippe / Der Kindergarten / Der Hort macht schon um … Uhr auf. / ist bis … Uhr geöffnet.

→ PROJEKT

1 Wo ist das? Ordnen Sie zu.

die ~~Agentur für Arbeit~~ • das Bürgerbüro • der Zeitungskiosk • die Bücherei • das Internetcafé • die Sprachschule

A

....

B

In der Agentur für Arbeit.

C

....

D

....

E

....

F

....

2 Erkan ist neu in Penzberg. Er sucht verschiedene Einrichtungen. Ordnen Sie zu.

a	Wo gibt es hier ein Internetcafé?	Es gibt eine Sprachschule in der Karlstraße. Geh doch einfach mal hin!
b	Ich möchte gern Bücher ausleihen. Wo ist das möglich?	Am Bahnhof ist ein Kiosk. Dort bekommst du Zeitungen aus verschiedenen Ländern.
c	Gibt es in Penzberg auch eine Agentur für Arbeit?	Gleich da drüben an der Ecke.
d	Ich möchte einen Deutschkurs machen. Wo finde ich eine Schule?	In der Stadtbücherei. Die ist leicht zu finden: ...
e	Ich bin gerade nach Penzberg gezogen. Wo muss ich mich anmelden?	Nein. Die nächste Agentur für Arbeit ist in Weilheim.
f	Wo kann ich türkische Zeitungen kaufen?	Im Bürgerbüro. Das ist im Rathaus.

3 Spielen Sie Gespräche.

● Wo kann ich kopieren?
▲ Im Copyshop.
● Und gibt es hier einen in der Nähe?
▲ Ja, in der Bergstraße.

Wo muss ich / kann ich ...?
Wo gibt es ...?
Und gibt es hier / in der Nähe ...?
Und wo finde ich ...?

kopieren	im Internetcafé
Sport machen	im Fitnessstudio / im Sportverein
Briefmarken kaufen	in der Post
ein Busticket kaufen	am Fahrkartenautomaten / am Kiosk
E-Mails senden / in die Heimat telefonieren	im Drogeriemarkt / im Fotogeschäft
Handyfotos ausdrucken	im Copyshop

Einem Kontoauszug Informationen entnehmen

1 Wie kann man bezahlen?

a Welches Bild passt? Ordnen Sie zu.

Geld überweisen • bar bezahlen • mit EC-Karte bezahlen

A

....

B
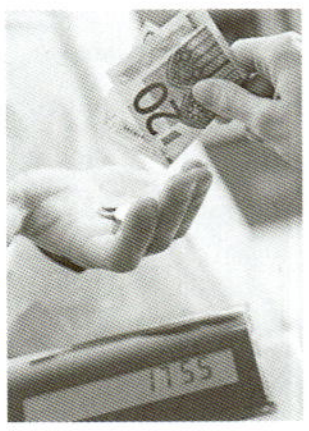

....

C

....

b Welche Fotos passen zum Kontoauszug von Hauke Anders? Ordnen Sie zu.

Kontoauszug
Hauke Anders

	Buch.-Tag	Wert	Buch.-Nr.	Vorgang/Buchungsinformation	Betrag
A	21.05.	21.05.	9965	EC-Kartenzahlung Delfin Apotheke EC 68170666 21.05. 10.36 MEZ	14,22 – EUR
	23.05.	23.05.	9966	EC-Automat Weidenstraße am 23.05. um 18.03 Uhr	200,00 – EUR
☐	26.05.	26.05	98667	EC-Kartenzahlung DANKE, IHR MEISTER-KAUF, Würzburg EC 65183718 25.05. 17.06 MEZ	98,07 – EUR
☐	28.05.	28.05	99658	Überweisung Wilfried Kuhrt K.Nr. 194575 / BLZ 0142400 / MIETE Juni	450,00 – EUR
	28.05	28.05.	99869	Gehalt Mai Hauke Anders BMW AG	1432,00 + EUR
☐	29.05	29.05.	9990	Überweisung Elektro Kestner, Busch Waschmaschine SCL Rechnungsnr. 07/94581	299,00 – EUR
				alter Kontostand	**181,91 + EUR**
				neuer Kontostand	**552,62 + EUR**

2 Lesen Sie den Kontoauszug. Richtig oder falsch? Kreuzen Sie an.

Herr Anders ...	richtig	falsch
a hat in der Apotheke 14,22 Euro bezahlt.	☐	☐
b bekommt von Herrn Kuhrt 450 Euro Miete.	☐	☐
c verdient 1432,00 Euro im Monat.	☐	☐
d hat am 25. Mai in der Delfin Apotheke eingekauft.	☐	☐
e hat jetzt 181,91 Euro auf seinem Konto.	☐	☐

1 In einer Bank

a Schreiben Sie die passenden Wörter in die Schilder.

Kasse • Geldautomat • Kundenberatung

b Wohin gehen Sie? Kreuzen Sie an.
Achtung: Manchmal gibt es zwei Möglichkeiten.

	1	2	3
1 Sie möchten Geld einzahlen. 	☐	☐	☐
2 Sie möchten Geld abheben. 	☐	☐	☐
3 Sie möchten Geld überweisen und haben noch Fragen zum Überweisungsformular.	☐	☐	☐
4 Sie haben noch kein Konto und wollen ein Konto eröffnen.	☐	☐	☐
5 Sie haben eine neue Adresse. Das wollen Sie der Bank sagen.	☐	☐	☐

28

2 Herr Anders ist in der Bank. Was möchte er? Hören Sie Teil 1 des Gesprächs und kreuzen Sie an.

☐ Geld abheben
☐ ein Konto eröffnen
☐ einen Dauerauftrag einrichten

29

3 Welche Informationen braucht der Bankangestellte? Hören Sie Teil 2 des Gesprächs und füllen Sie das Formular aus.

Schritt 1 Schritt 2 Schritt 3

Kontoführung	Konto-Nr.	7349092 (Willkommenskonto)
Benachrichtigungen	Empfänger*	Wilfried
Persönliche Services	Konto-Nr. des Empfängers*	
Verwaltung	Bankleitzahl*	
PIN/TAN	Institut	wird automatisch für Sie eingefügt
Privatkunden	Betrag*	EUR
Private Banking	Ausführung jeweils zum	29.
Geschäftskunden	Erste Ausführung	Juni (Monat) / (Jahr)
Freie Berufe	Intervall	monatlich
Firmenkunden	Letzte Ausführung	
	Verwendungszweck	

ABBRECHEN ☒ WEITER ▸

PROJEKT

Einen Preisnachlass aushandeln

1 Lesen Sie die Anzeigen. Was ist richtig? Kreuzen Sie an.

Sport-Boutique
Zum Saisonende
10–25 % Preisnachlass

~~39.95 EUR~~ 35.00 EUR
~~79.90 EUR~~ 59.90 EUR

Schick und günstig
T-Shirts, Pullover, Jacken mit kleinen Fehlern
50 % Rabatt
www.schickundguenstig.de

- **a** Die Jogginghose und die Turnschuhe kosten jetzt 10 bis 25 Prozent mehr. ☐
- **b** Die T-Shirts, Pullover, Jacken sind ein bisschen kaputt. ☐
- **c** Preisnachlass/Rabatt heißt: Ein Produkt kostet zum Beispiel 10 Euro. Aber jetzt bezahlt man nur 8 Euro. ☐

2 Lesen Sie und kreuzen Sie an: richtig oder falsch?

Kundenservice: Sie fragen – wir antworten

Ich habe mir letzte Woche einen Fahrradhelm für 78 Euro gekauft. Jetzt hat gestern mein Bruder Markus den gleichen Helm gekauft und er hat nur 58 Euro bezahlt. Der Helm hat einen kleinen Fehler, einen kleinen Kratzer. Aber er hat mit dem Verkäufer über den Preis gesprochen und so hat er 20 Euro Preisnachlass bekommen.
Geht das so einfach?
Mona Becker, Sinsheim

Der Kundenservice:

Vielleicht geht es nicht immer so einfach. Aber ich gebe Ihnen den Rat: Hat das Produkt einen Fehler, dann fragen Sie den Verkäufer. Vielleicht bekommen Sie einen Preisnachlass. Fragen kostet nichts.

		richtig	falsch
a	Frau Becker und ihr Bruder Markus haben den gleichen Helm gekauft.	☐	☐
b	Der Bruder hat nur 78 Euro bezahlt.	☐	☐
c	Der Helm von Markus ist nicht neu.	☐	☐
d	Ein Produkt hat einen Fehler. Dann kann man mit dem Verkäufer über den Preis sprechen.	☐	☐

3 Was meinen Sie? Wann kann man einen Preisnachlass bekommen? Kreuzen Sie an.

A

☐ Ein Knopf fehlt.

B

☐ Sie haben nur 60 Euro.

C

☐ Das T-Shirt hat einen Fleck.

D

☐ Das Produkt ist nicht mehr lange haltbar.

E

☐ Sie finden die Jacke nicht mehr modern.

F

☐ Der Tisch ist zu klein.

CD 3 30

4 Rollenspiel: Einen Preisnachlass aushandeln

Lesen und hören Sie die Gespräche. Wählen Sie dann eine Situation und spielen Sie.

● Ich hätte gern den Fahrradhelm. Aber sehen Sie, da ist ein Kratzer. Gibt es da einen Preisnachlass?
▲ Tja … da können wir Ihnen einen Preisnachlass von 10 Euro geben. In Ordnung?
● O.k. Dann nehme ich den Helm.
● Nein, das ist zu wenig. 20 Euro?
▲ Also gut.

Kundin/Kunde	Verkäuferin/Verkäufer	Kundin/Kunde	Verkäuferin/Verkäufer
 Knopf fehlt	15 Euro Preisnachlass	 Fleck	10 Euro Preisnachlass

PROJEKT

1 **Lesen Sie den Text und kreuzen Sie an: richtig oder falsch?**

Vorsicht ist gut, Schutz ist besser!

Neuer Rekord!

Circa 99.000 Betriebe mit über 2,2 Millionen Arbeitern haben im letzten Jahr nur 32.855 Arbeitsunfälle gemeldet. Bei der Arbeit tragen alle Mitarbeiter immer ihre persönliche Schutzausrüstung (PSA). Sie wissen: Sicherheit kann so einfach sein!

Schutzkleidung für die häufigsten Verletzungen:

46% Handverletzungen: Schutzhandschuhe
19% Hautverletzungen: Schutzanzug, Schutzhandschuhe
16% Fußverletzungen: Sicherheitsschuhe
10% Beinverletzungen: Schutzanzug
6% Kopfverletzungen: Schutzhelm
2% Augenverletzungen: Schutzbrille

		richtig	falsch
a	Im letzten Jahr sind 32.855 Unfälle in Betrieben passiert.	☒	☐
b	Früher sind mehr Unfälle in Betrieben passiert.	☐	☐
c	Die Arbeiter tragen nie ihre persönliche Schutzkleidung.	☐	☐
d	Viele Verletzungen passieren am Auge.	☐	☐
e	Mit einer Schutzbrille schützt man die Augen.	☐	☐

2 **Was bedeuten die Schilder? Ordnen Sie zu.**

der Schutzhelm • die Schutzbrille • der Schutzanzug • die Schutzhandschuhe • die ~~Sicherheitsschuhe~~

A

die Sicherheitsschuhe

B
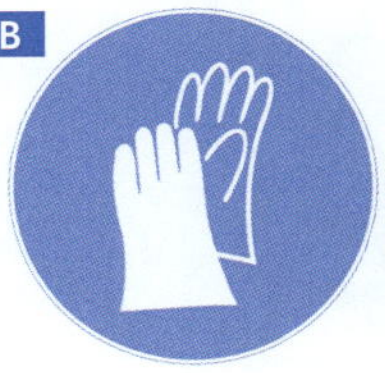
....

C

....

D

....

E

....

3 **Wer trägt was? Kreuzen Sie an und vergleichen Sie mit Ihrer Partnerin / Ihrem Partner.**

	Schutzbrille	Schutzhelm	Schutzhandschuhe	Sicherheitsschuhe	Schutzanzug
Automechaniker	x		x	x	x
Bauarbeiter					
Chemiker					
Schweißer					

Ich denke, ein Automechaniker trägt eine Schutzbrille, Handschuhe, Sicherheitsschuhe.

Aber manchmal braucht er auch einen Schutzhelm.

Nein, ich glaube, das stimmt nicht. ...

4 **Brauchen Sie in Ihrem Beruf auch spezielle Kleidung oder Schutzkleidung? Erzählen Sie.**

Als ... muss ich bei meiner Arbeit ... tragen.
Ich muss keine spezielle Kleidung / keine Schutzkleidung tragen.

Um Hilfe bitten

Partys machen Spaß. Auf Partys kann man Leute kennenlernen, Freunde treffen, miteinander sprechen, essen, trinken, lachen, Musik hören und tanzen. Aber Partys sind noch mehr: Man kann dort zum Beispiel prima Deutsch üben. Oder man bekommt gute Tipps und manchmal sogar Hilfe bei Problemen. Also los! Auf zur nächsten Party!

CD3 31-33 **1** **Hören Sie die Gespräche. Wer spricht? Finden Sie die Personen und schreiben Sie die Namen ins Bild.**

Elsa ● Dejaneira ● Laura ● Sascha ● Karl ● Kim ● Ingrid

CD3 31-33 **2** **Hören Sie noch einmal.**

a Wer hilft wem? Ordnen Sie zu.

Laura	Dejaneira
Elsa	Sascha
Karl	Kim

b Wer sucht was? Kreuzen Sie an.

	Dejaneira	Sascha	Kim
1 ein Zimmer	☐	☐	☐
2 ein Buch	☐	☐	☐
3 ein Wort	☐	☐	☐

3 Um Hilfe bitten. Ordnen Sie zu.

a Auf Deutsch sagt man Versicherungsfachfrau, oder? — Welches Buch soll ich kaufen?
b Ich hab das nicht verstanden. — Wie spricht man das richtig aus?
c Ich möchte Deutsch üben. — Weißt du vielleicht etwas für mich?
d Ich suche dringend eine neue Wohnung. — Sag es bitte noch einmal.
e Ja, genau! Das Wort meine ich! — Ist das richtig so?

PROJEKT

Wortliste

Die alphabetische Wortliste enthält die Wörter dieses Buches mit Angabe der Seiten, auf denen sie zuerst vorkommen. Wörter, die für die Prüfung „Start 1/2“ und für „Deutsch Test für Zuwanderer“ (DTZ) nicht verlangt werden, sind kursiv gedruckt. Bei allen Wörtern sind die Wortakzente gekennzeichnet. Ein Punkt (a) heißt kurzer Vokal, ein Unterstrich (o) langer Vokal. Steht der Artikel in Klammer, gebraucht man die Nomen meistens ohne Artikel. Nomen mit der Angabe „nur Singular“ verwendet man nicht oder nur selten im Plural. Nomen mit der Angabe „nur Plural“ verwendet man nicht oder nur selten im Singular. Trennbare Verben sind durch einen Punkt nach der Vorsilbe gekennzeichnet (an·fangen).

ab·brechen F 173
das Abendessen, - 22, 54, AB 128
ab·fahren 48, AB 123, 124
die Abfahrt, -en 47, AB 123
ab·fliegen 47
der Abflug, ¨-e 47
ab·geben 22, 23, 26
ab·heben F 173
ab·holen 47, 55, 58
die Absage, -n 79
der Absatz, ¨-e F 166
der Absender, - 35
ab·sprechen AB 164
achten AB 87
die Achtung (nur Singular) 38, 47, 51
die AG = Aktiengesellschaft, -en 8, 12
der Akku, -s 57
der Akkusativ, -e 79
der Alkohol, -e 24
aller Art 60
allergisch F 168
alles Gute 78
als 10, 11, 13
ambulant 15
die Ambulanz, -en 38
die Ampel, -n 44, AB 118, 120
anbei 35
an·bieten 59, AB 134
die Anfrage, -n AB 123
die/der Angehörige, -n 26
an·heften 78
an·kommen 47, AB 123, 124
die Ankunft, ¨-e 29, 47, AB 123
an·machen 56, AB 132, 133
an·nehmen F 164
an·probieren 68, AB 144
die Anrede, -n 35, 77
der Anruf, -e 38, 57
der Anrufbeantworter, - 58
der Anrufer, - 34, 58
die Ansage, -n 58
anschließend 77
der Anschluss, ¨-e 48, 57, AB 124
der Antrag, ¨-e 26, AB 148, F 166
an·ziehen 67, AB 143
die Apotheke, -n 34, 36, 38
der Arbeiter, - 14, F 175
der Arbeitgeber, - 31, AB 110
das Arbeitsblatt, ¨-er 35
arbeitslos 9, 10, 11
der Arbeitsplan, ¨-e F 164
der Arbeitsplatz, ¨-e 26
die Arbeitsstelle, -n 15
die Arbeitsteilung (nur Singular) 60
der Arbeitsunfall, ¨-e F 175
die Arbeitszeit, -en 15, 16, AB 92
der Arm, -e 32, 38, AB 106
(das) Armenien AB 108
die Arzthelferin, -nen 31, AB 113
ärztlich 38, 39
der Arzttermin, -e 36
das Aspirin (nur Singular) AB 121
die Atemnot (nur Singular) F 168
die Aufforderung, -en 59
die Aufgabenverteilung (nur Singular) F 165
auf·heben 25, AB 102
auf·machen 56, AB 132, 133
auf·passen F 170
auf·schreiben 35
auf·stellen 74
der Auftrag, ¨-e F 164
das Auge, -n 32, 33, AB 106
der Augenarzt, ¨-e AB 113
die Augenverletzung, -en F 175
der August, -e 25, 74, AB 131
der Ausdruck, ¨-e 78
aus·drucken F 171
die Ausführung, -en F 173
der Ausgang, ¨-e 47, AB 157
aushandeln F 174
die Auskunft, ¨-e 26, 27, 48
der Ausländer, - 26
das Ausländeramt, ¨-er 26
die Ausländerbehörde, -n 28, 29
ausländisch 28
aus·leihen F 171
aus·machen 23, 24, 56
aus·schalten 57
aus·sprechen F 177
aus·steigen 47, AB 123, 124
die Auswahl (nur Singular) AB 123
aus·wählen 22, 38, 46
der Ausweis, -e 28, 29, AB 110
die Autobahn, -en 38, AB 118
der Automat, -en F 167
automatisch F 173
der Automechaniker, - 18, AB 158, F 175
der Autounfall, ¨-e 38
die Autovermietung, -en 58
die Autowerkstatt, ¨-en 16
der Autozug, ¨-e AB 123
babysitten AB 134
die Bahn, -en AB 123
der Bahnsteig, -e 48
die Balkontür, -en AB 133
das Band, ¨-er 58
die/der Bankangestellte, -n F 173
bar F 172
die Baseballcap, -s (engl.) AB 145
der Bauarbeiter, - 10, F 175
der Bauch, ¨-e 32, AB 106
der Baum, ¨-e 44
die Baustelle, -n F 169
bayerisch 80
(das) Bayern 80
der Beamte, -n 22, 26, 28
die Beamtin, -nen 29
beantworten 38, 77
(sich) bedanken 71
beginnen 45, 74, 80
begrenzt 123
die Behörde, -n 20, 28, 29
beide 66, 68, AB 142
das Bein, -e 30, 31, 32
die Beinverletzung, -en F 175
der Beipackzettel, - F 168
(das) Belgien AB 143
die Bemerkung, -en AB 123
die Benachrichtigung, -en F 173
benutzen 57
der Berg, -e 14, 17
berufstätig 25, 26, AB 102
bes. = besonders AB 134
die Beschwerde, -n 59
besetzt 80
besonders 58, 70, AB 145
beste 45, 51, 66
bestehen 78
der Besuch, -e AB 90, 160, F 166
zu Besuch AB 131, 153
der Besucher, - 28
das Besuchervisum, -visa 28, 29
der Betrag, ¨-e F 173
der Betreff, -e 35, 76, 77
die Betreuungseinrichtung, -en AB 170
der Betrieb, -e F 175
(sich) bewegen AB 110
bis morgen 16, 93, AB 112
bis später 55
bisher AB 102
bisherige 25, AB 102
das Blatt, ¨-er 70
das Bleigießen (nur Singular) 72, 73
der Bleistift, -e 56
blond 70
die Blume, -n 40, 41, AB 145
der Blumenstrauß, ¨-e AB 141
die Bluse, -n 64, 65, 68
der Bluthochdruck (nur Singular) F 168
die Botschaft, -en 28, 29
die/der Botschaftsangehörige, -n 28, 29
die Boutique, -n F 174
das Branchenbuch, ¨-er AB 135
das Brathähnchen, - 80
die Briefmarke, -n 56, AB 118, 171
die Brille, -n 65, AB 110, 163
die Brücke, -n AB 118
Buch.-Nr. = die Buchungsnummer, -n F 172
Buch.-Tag = der Buchungstag, -e F 172
buchen 56, AB 123
die Bücherei, -en 45, F 171
die Buchhandlung, -en 51
die Buchstabenkette, -n AB 135
die Buchungsinformation, -en F 172

Unregelmäßige Verben

beginnen, er/sie beginnt, hat begonnen
bekommen, er/sie bekommt, hat bekommen
beschreiben, er/sie beschreibt, hat beschrieben
bitten, er/sie bittet, hat gebeten
bleiben, er/sie bleibt, ist geblieben
brechen, er/sie bricht, hat gebrochen
bringen, er/sie bringt, hat gebracht
denken, er/sie denkt, hat gedacht
dürfen, ich darf, du darfst, er/sie darf, hat dürfen/gedurft
essen, er/sie isst, hat gegessen
fahren, er/sie fährt, ist gefahren
finden, er/sie findet, hat gefunden
fliegen, er/sie fliegt, ist geflogen
geben, er/sie gibt, hat gegeben
gefallen, er/sie/es gefällt, hat gefallen
gehen, er/sie geht, ist gegangen
haben, du hast, er/sie hat, hat gehabt
heißen, er/sie heißt, hat geheißen
helfen, er/sie hilft, hat geholfen
kommen, er/sie kommt, ist gekommen
können, ich kann, du kannst, er/sie kann, hat können/gekonnt
lassen, er/sie lässt, hat gelassen
laufen, er/sie läuft, ist gelaufen
leihen, er/sie leiht, hat geliehen
lesen, er/sie liest, hat gelesen
liegen, er/sie liegt, hat/ist gelegen
möchten, ich möchte, du möchtest, er/sie möchte, hat gemocht
mögen, ich mag, du magst, er/sie mag, hat mögen/gemocht
müssen, ich muss, du musst, er/sie muss, hat müssen/gemusst
nehmen, er/sie nimmt, hat genommen
nennen, er/sie nennt, hat genannt
schlafen, er/sie schläft, hat geschlafen
schließen, er/sie schließt, hat geschlossen
schreiben, er/sie schreibt, hat geschrieben
schwimmen, er/sie schwimmt, ist geschwommen
sehen, er/sie sieht, hat gesehen
sein, ich bin, du bist, er/sie ist, wir sind, ihr seid, sie/Sie sind, ist gewesen
singen, er/sie singt, hat gesungen
sinken, er/sie sinkt, ist gesunken
sitzen, er/sie sitzt, hat/ist gesessen
sollen, ich soll, du sollst, er/sie soll, hat sollen/gesollt
sprechen, er/sie spricht, hat gesprochen
stehen, er/sie steht, hat/ist gestanden
steigen, er/sie steigt, ist gestiegen
streichen, er/sie streicht, hat gestrichen
tragen, er/sie trägt, hat getragen
treffen, er/sie trifft, hat getroffen
trinken, er/sie trinkt, hat getrunken
unterschreiben, er/sie unterschreibt, hat unterschrieben
unterstreichen, er/sie unterstreicht, hat unterstrichen
verbinden, er/sie verbindet, hat verbunden
vergessen, er/sie vergisst, hat vergessen
vergleichen, er/sie vergleicht, hat verglichen
verlieren, er/sie verliert, hat verloren
verstehen, er/sie versteht, hat verstanden
werden, du wirst, er/sie wird, ist geworden
wissen, ich weiß, du weißt, er/sie weiß, hat gewusst
wollen, ich will, du willst, er/sie will, hat wollen/gewollt
ziehen, er/sie zieht, hat gezogen

Quellenverzeichnis

Umschlag: Alexander Keller, München
Seite 8: 2 © Arjen Hiemstra, München
Seite 9: 9: Franz Specht, Weßling
Seite 10: © Hueber Verlag
Seite 11: © bildunion/Christian Köhler
Seite 12: oben vl © fotolia/Torsten Schon; © fotolia/Rob; © fotolia/Nicholas Watts; unten © Hueber Verlag
Seite 14: Mitte © fotolia/Monkey Business; unten vl: © Shotshop.com/Juha Tuomi; © fotolia/Lisa Vanovitch
Seite 15: oben © Hueber Verlag/Dieter Reichler; unten vl © Hueber Verlag/Jens Funke; © Hueber Verlag/Dieter Reichler
Seite 18/19: © Hueber Verlag/Katharina Kiermeir
Seite 22: A3: links © Münchner Verkehrsgesellschaft mbH, MVG; rechts: Franz Specht, Weßling
Seite 24: C2 Schild © fotolia/LaCatrina; C3: A © Thinkstock/iStock/Gordana Sermek; B © fotolia/FX; C, D © Thinkstock/iStock; E © fotolia/Dark Vectorangel; F © fotolia/LaCatrina
Seite 35: D1 © Hueber Verlag; D2: oben © irisblende.de/wolfraum; unten © DIGITALstock/Manfred Rimkus
Seite 38/39: SOS © PantherMedia/Jürgen Frese; Apotheke © PantherMedia/Frank Fischer
Seite 47: D1 A © Hueber Verlag/Werner Bönzli
Seite 57: A,C,D © Hueber Verlag/Werner Bönzli; B © fotolia/seen
Seite 66: c © Arjen Hiemstra, München; unten © Christian Adam, Lübeck
Seite 67: b © fotolia/Pavel Losevsky; c © fotolia/Elnur
Seite 68: © Hueber Verlag/Werner Bönzli
Seite 78: E3: Franz Specht, Weßling
Seite 80: Prinzessin Therese © akg-images; König Ludwig I © dpa Picture-Alliance/akg-images; Tafel und Hintergrund: Franz Specht, Weßling
Seite 93: von oben © Getty Images/JGI; © fotolia/fred goldstein
Seite 111: 17 © fotolia/Wolfgang Meyer
Seite 123: © Hueber Verlag/Werner Bönzli
Seite 125: Schnellbahnplan © Rhein-Main-Verkehrsverbund GmbH; Fahrausweis rechts © mit freundlicher Genehmigung der Berliner Verkehrsbetriebe
Seite 142: oben links, unten rechts © Hueber Verlag/Werner Bönzli; oben rechts, unten links © Andrea Hanitzsch, Landshut
Seite 165: oben vl © iStockphoto/Alexander Raths; © Hueber Verlag/Kiermeir; unten vl © PantherMedia/Esther Hildebrandt; © irisblende.de; 2 © irisblende.de; 3 © Hueber Verlag/Kiermeir
Seite 167: 1, 2 © Hueber Verlag/Kiermeir; 3 © iStockphoto/raddanovic
Seite 168: © PantherMedia/Elmar Tomasi
Seite 169: 1 Piktogramme: A, C, E © Thinkstock/iStock/Baz777; B © fotolia/LaCatrina; D © fotolia/Wolfgang Meyer; 3: A © Thinkstock/iStock/ilona_belous; C, D, E © fotolia/T. Michel; F © Thinkstock/Hemera/Julius Orpia
Seite 170: vl © colourbox; © Thinkstock/iStock/matka_Wariatka; © imago stock&people; © irisblende.de
Seite 171: © irisblende.de
Seite 172: vl © iStockphoto/Leah-Anne Thompson; © Thinkstock/iStock/diego cervo; © Hueber Verlag/Kiermeir
Seite 174: 1 vl © Hueber Verlag; © fotolia/ivanastar
Seite 175: 1 © iStockphoto/Bart Coenders; 2: A, C, E © Thinkstock/iStock/Baz777; B © fotolia/markus_marb; D © fotolia/T. Michel

Alle anderen Fotos: Alexander Keller, München

Der Verlag bedankt sich für das freundliche Entgegenkommen bei den Fotoaufnahmen bei: Arztpraxis Dr. Claus Camerer, Weßling; Gemeinde Weßling (Einwohnermeldeamt); Elektro-Reik, Weßling; Mode-Markt Ute Lustinger, Ismaning